suhrkamp taschenbuch 306

Thomas Bernhard, 1931 in Heerlen (Holland) geboren, lebt heute in Ohlsdorf (Oberösterreich). 1968 erhielt er den Österreichischen Staatspreis, 1970 wurde er mit dem Büchner-Preis ausgezeichnet. Gedichte. Prosa: *Frost, Amras, Verstörung, Prosa, Ungenach, An der Baumgrenze, Watten, Das Kalkwerk, Midland in Stilfs, Gehen, Die Ursache, Korrektur, Der Keller, Der Stimmenimitator, Ja, Der Weltverbesserer, Die Billigesser, Am Ziel, Beton, Der Untergeher.* Theaterstücke: *Ein Fest für Boris, Der Ignorant und der Wahnsinnige, Die Jagdgesellschaft, Die Macht der Gewohnheit, Der Präsident, Die Berühmten, Minetti, Immanuel Kant, Vor dem Ruhestand, Über allen Gipfeln ist Ruh, Der Schein trügt.*

Der Gefangene Kulterer fürchtet sich vor der Freiheit, in die er wieder entlassen werden soll. Es liegt nahe, daß der Film mit seinen Möglichkeiten zu irrealer Montage und symbolischen Bildern Thomas Bernhard besonders geeignet schien, um die Gleichzeitigkeit der äußeren Vorgänge, die mit dem inneren Erleben Kulterers kontrastieren, zu verdeutlichen. Das Fundament dieses in Worten ablaufenden Films ist eine Erzählung, die Bernhard 1962 geschrieben hat. Dieser Band stellt nun die beiden Versionen gegeneinander: diejenige von 1962 und die von 1973, die inzwischen mit Helmut Qualtinger verfilmt wurde. Der Text ist durchgehend geschrieben, Kameraeinstellungen und Dialoge gehen ineinander über. Nur bestimmte Reizworte, die Assoziationen auslösen, sind hervorgehoben. Die Sätze eines kommentierenden Sprechers, sozusagen »innere Monologe« des Kulterer, werden in Anführung gesetzt. Für die Dauer dieser konzentrierten Aussagen bleibt die Zeit stehen, erstarrt der Film zur Fotografie.

Thomas Bernhard
Der Kulterer

Eine Filmgeschichte

Suhrkamp

suhrkamp taschenbuch 306
Erste Auflage 1976

Lizenzausgabe mit freundlicher Genehmigung des
Residenz Verlags Salzburg
Suhrkamp Taschenbuch Verlag

Druck: Nomos Verlagsgesellschaft, Baden-Baden
Printed in Germany
Umschlag nach Entwürfen von
Willy Fleckhaus und Rolf Staudt

3 4 5 6 7 – 88 87

„Er tat alles, wie es die anderen taten; es war aber eine entsetzliche Leere in ihm, er fühlte keine Angst mehr, kein Verlangen, sein Dasein war ihm eine notwendige Last . . .“

Büchner

Der Kulterer

FILM

Wir hören die regelmäßigen exakten Schritte der Wachmänner auf den quadratischen Steinplatten am Ufer des trockenen Flußbettes, wie die zwei an der Außenmauer der Strafanstalt diensthabenden Wachmänner sich voneinander entfernen, während wir zuerst undeutlich, dann immer deutlicher die Mauer der Strafanstalt sehen und auf der Mauer dreimal in Abständen von drei Sekunden den Titel DER KULTERER, nicht länger als eine Sekunde, der Titel steht in VERSALIEN auf der Mauer und ist zuerst oben links, dann oben rechts, dann unten rechts zu sehen. Nach und nach deutlich erkennbar die Mauer, von welcher sich die Kamera jetzt mit großer Geschwindigkeit entfernt, die Kameraeinstellung ist unmittelbar an der Mauer, sodaß sie zuerst einen Ausschnitt von höchstens einem Quadratmeter zeigt, sie wird bis weit hinter das Flußbett zurückgezogen, von welchem dann das ganze Ausmaß der Strafanstaltsmauer sichtbar ist. Die Kamera ist vollkommen unbeweglich, die patrouillierenden Wachmänner haben jetzt jeweils das letzte Drittel der Anstaltsmauer erreicht; haben sie das Ende der Anstaltsmauer erreicht, wird der Boden unter der Kamera gezeigt und von da an langsam der ganze Boden bis zum Flußbett und durch das Flußbett in einer geraden Linie bis zu der Zelle 38 hinauf, in welcher der Kulterer eingesperrt ist, sind Zellenfenster und darunterstehende Zellennummern an der Außenfront der Strafanstalt deutlich sichtbar, plötzliches Zerschlagen von Anstaltsgeschirr und Schreien, das wir durch das offene Zellenfenster heraushören. Dann Stille. Zellenfenster, Kamera hinaus auf den Flußbettdamm. Der Schauspieler (als Kommentator) sagt: „Je näher er dem Tag seiner Entlassung aus der Strafanstalt war, desto mehr fürchtete sich der Kulterer, zu seiner Frau zurückzukehren.“ Kamera plötzlich auf den Wachmann rechts, der zu der Kultererzelle hinaufschaut, auf den Wachmann links, der zu der Kultererzelle hinaufschaut, von oben auf beide Wachmänner, die kehrtmachen und wieder auf den Wachtturm, der in der Wegmitte steht, zugehen. Kamera vom Dach der Strafanstalt auf den Wachmann rechts, um die Ecke fährt auf dem Fahrrad der Bäckergeselle mit dem Semmelsack, der Wachmann hält ihn auf, schickt ihn nach kurzem Wortwechsel, den man nicht hört, zurück, Bäckergeselle wieder aufs Fahrrad, ab. Der Wachmann geht seinen Weg. Jetzt Stimmen, Geschirrgeräusche aus den Fenstern, während die Kamera unbeweglich auf den Wachmännern ist, die aufeinander zugehen, immer von hoch oben, plötzlich auf einen schwarzgekleideten Buben, der in eine Zugbegleiterpfeife bläst, zu den Bergen hinüberschaut, dann noch einmal pfeift und auf die Strafanstalt herüberschaut und davonläuft, die ganze Zeit auf dem Flußbettdamm, mindestens sieben, acht Sekunden, stehenbleibt und nocheinmal kurz pfeift. Sein großes aufgeblähtes Gesicht. Das Gesicht des Kulterer, der durchs Zellenfenster hinausschaut. Die Häftlinge essen ihr Frühstück. Als ob die drei Mithäftlinge ihn vorher etwas gefragt hätten, der Kulterer nachdenklich: jaja. Nachdem er einen Bissen Brot gegessen hat: jaja, ich weiß. Kamera zeigt die essenden Häftlinge, den Kulterer, während der Schauspieler kommentiert: „Aber eigentlich redete er nie, wenn er nicht gefragt wurde, und er nahm sofort Haltung an, als der Aufseher erschien, zuerst nur angedeutet durch das Geräusch des Knüppels, der durch die Gänge zu poltern schien, dann durch die Stiefelschritte, immer bedeutungsvoller und größer und schließlich großmächtig über den Druckmaschinen." Nach dem Wort ‚angedeutet', das der Schauspieler gesprochen hat, wird der vom Schauspieler gesprochene und kommentierte Vorgang zuerst gar nicht als dieser Vorgang erkennbar, dann, wie der Schauspieler kommentiert angedeutet, schließlich deutlich gezeigt. Der Kulterer steht an einer Druckmaschine und zählt Drucksorten ab, die Kamera zeigt einen völlig apathischen Kulterer, der mechanische Bewegungen ausführt, die die mechanischen Bewegungen der Druckmaschine sind, als wäre der Kulterer ein Teil der Druckmaschine, die Kamera ist unbeweglich, der Schauspieler sagt: „Dem Kulterer, der die aus der Druckmaschine herausfallenden Drucksorten abzuzählen und einzupacken und zuzuschnüren hatte, war der Aufseher sehr gewogen, denn zum Unterschied von den anderen, größtenteils renitenten Mithäftlingen war er ein ruhiger Mensch, der, wie es schien, überhaupt keine Ansprüche stellte und sich strikt an alle Verordnungen und Befehle hielt und auch in Wahrheit wirklich mit allem zufrieden war, außer mit sich selbst." Mit dem Wort ‚selbst' des Schauspielers, Kamera auf das Gesicht des Kulterer, der in das Gesicht des Aufsehers blickt, der plötzlich neben ihm steht, der Kulterer blickt zum Aufseher auf, wie er zum Aufseher aufblickt, beweist, ohne daß man den Aufseher sehen kann, daß der Aufseher neben ihm steht. Kulterer: ein Brief und ein Paket? Aufseher, dessen Mund gezeigt wird: auch ein Brief. Der Kulterer legt die Hände an die Schenkel an und sagt: jaja, ich weiß, Herr Aufseher! Schon gut! sagt der Aufseher, von dem nur der Mund gezeigt wird. Kulterer, von dem jetzt auch nur der Mund gezeigt wird: ein Brief! Der Mund des Aufsehers: schon gut! Die Kamera zeigt alles vom Mund des Aufsehers abwärts, geht auf dem Boden weiter und zeigt alles kultereraufwärts bis zum Mund des Kulterer, ist die Kamera auf dem Mund des Kulterer, sagt der Mund des Kulterer: jaja, ich weiß. Jetzt alle Druckmaschinen überlaut, die Kamera zeigt den Kopf des Aufsehers, der über den Kopf des Kulterer wegschaut in den großen Drukkereisaal hinein, in welchem an allen Maschinen Häftlinge stehen, die die gleichen Bewegungen ausführen wie der Kulterer, hier ist alles automatisch und erreicht bald eine ohrenbetäubende Lautstärke. Der Aufseher geht von einem Mann zum andern, kontrollierend. Plötzlich reißt der Maschinenlärm ab, der Aufseher ist stehengeblieben, fragt: wer ist zum Latrinendienst eingeteilt? Drei Häftlinge im Hintergrund heben die Arme. Der Aufseher nimmt die Meldung zur Kenntnis und klopft sich mit dem Gummiknüppel an die rechte Wade, wie ihm das zur Gewohnheit geworden ist. Dann überblickt er noch einmal den ganzen Druckereisaal und geht hinaus. Das Geratter und Gestampfe der Druckmaschinen wieder ohrenbetäubend, die Bewegungen der Häftlinge mechanisch. Kamera auf das Gesicht Kulterers, der sein Frühstück ißt.

Schauspieler: „Er führte ein in sich selbst eingeschlossenes und von seinen Mithäftlingen völlig unbeachtetes Dasein und vertrieb sich die freie Zeit, die in der Strafanstalt oft viel zu lang war, denn sie arbeiteten vorschriftsmäßig nur fünf bis sechs Stunden im Tag an den Druckmaschinen, mit dem Aufschreiben von Einfällen oder, wie er dachte, geringfügigen Gedanken, die ihn beinahe ununterbrochen beschäftigten. Aus Langeweile, oder weil er sonst hätte verzweifeln müssen, las er sich oft von ihm selber erdachte und aufgeschriebene kürzere Geschichten und Erzählungen vor ‚Die Katze' zum Beispiel oder ‚Das Trockendock', ‚Die Hyäne' oder ‚Die Verwalterin der Gutshofbesitzerin' oder ‚Das Totenbett'." Von dem Wort Druckmaschinen an zeigt die Kamera nur die Hände des Kulterer und der anderen Zelleninsassen, wie sie gleichmäßig ihre Eßbewegungen ausführen, diese Szene hat die ruhigste zu sein und dauert noch zwei, drei Sekunden über das vom Schauspieler gesprochene Wort ‚Totenbett' hinaus. Schauspieler: „Meistens fielen ihm diese Geschichten in der Nacht ein, und er mußte, um sie nicht zu verlieren, in der Finsternis aufstehen und sich, während seine Zellengenossen schliefen, an den Tisch setzen und in eben dieser furchtbaren Finsternis das, was ihm eingefallen war, notieren.“ Während dieses Satzes des Schauspielers wird die Zelle insgesamt unterhalb des Tisches, auf welchem die Häftlinge essen, und zwar von rechts nach links, bis die Kamera wieder die Beine der Häftlinge unter dem Tisch erreicht hat, gezeigt. Auf dem Bildstillstand, also auf das stillstehende Bild unter der Tischplatte mit den Häftlingsbeinen die Aufschrift: MIT DER ZEIT ABER HATTE ER EINE SO LAUTLOSE METHODE ENTWICKELT, VON SEINER PRITSCHE AUFZUSTEHEN UND SICH AN DEN TISCH ZU SETZEN, DASS SIE IHN, SELBST WENN SIE NICHT ALLZUTIEF SCHLIEFEN, NICHT MEHR BEMERKTEN. Wenn der Text gelesen ist, Text weg, Bewegung unter dem Tisch, der Kulterer steht auf, aber nur die stehenden Beine des Kulterer werden gezeigt. Der Lärm des Abservierens durch die Anstaltsfenster heraus, während die Kamera von der Zelle des Kulterer aus, die Landschaft vor der Kulterer-zelle zeigt. Ein in der Ferne am Wehr vorbeifahrender Lastwagen. Kindergeschrei, als ob sie einen Drachen steigen ließen. Der Wald am Horizont, während der Schauspieler sagt:

„Man konnte aus einer Arbeitsgruppe in die andere versetzt werden. Man konnte zu schwerer *oder* dreckiger oder schwerer *und* dreckiger Arbeit abkommandiert werden, wenn man sich etwas zuschulden kommen ließ, wenn man die Erwartungen, die von seiten der Aufsicht in einen gesetzt worden sind, nicht erfüllte. Zuerst aber, am Tag der Aufnahme in die Strafanstalt, wurden alle immer zu den angenehmeren Arbeiten eingeteilt." Die Kamera zeigt während dieses Satzes eine am anderen Ufer des Flußbettes kartoffelklaubende Gruppe abwechselnd mit einer vor den Schuppen auf Schragen holzsägenden. Plötzlich die Fassade der Kirche, aus welcher acht oder neun Häftlinge mit einem Aufseher herauskommen. Der Platz vor der Kirchenfassade ist leer, die Kamera zeigt die Häftlingsgruppe zuerst von dem der Kirchenfassade gegenüberliegenden Gebäude, dann vom Kirchturm herunter. Nur die Geräusche dieser Häftlingsgruppe. Schauspieler: „Dem Kulterer war es, weniger durch sein Geschick als einfach durch seine Unfähigkeit, sich aufzulehnen oder sich an irgendeinem Komplott, an einer Verschwörung zu beteiligen, die sämtliche letzten Endes immer gegen die Aufsicht gerichtet waren, gelungen, von Anfang an in der Druckerei zu bleiben." Die Kamera bleibt dort, wo sie war, als die aus der Kirche herauskommende Häftlingsgruppe den Platz überquert hat und abgegangen ist, bis der Schauspieler den Satz zu Ende gesprochen hat. Gesicht des Kulterer, als beobachte er ein Handgemenge seiner Mithäftlinge von dem Platz unter dem Zellenfenster aus. Schauspieler: „Wenn sie sich prügelten, schien es, als wäre nur das Viehische lebensfähig und alles andere krankhaft und unzüchtig. Da sah er tief ins Verpfuschte hinein, das ausweglos, auf barbarische Weise unfähig war, mit sich fertig zu werden." Die Kamera verfolgt jetzt die Schritte und das heißt, die Hosenbeine des rechten Wachmanns an der Strafanstaltsmauer; ist der Wachmann am Ende der Mauer und also auf der letzten Steinplatte angelangt, Krähengekreisch, Umkehr des Wachmanns. Umkehr des linken Wachmanns. Plötzliches Stehenbleiben des linken Wachmanns, Kamera auf einen jungen Mann in Fleischerkleidung, der eine Schweinehälfte auf der Schulter hat. Der Wachmann (beide Wachmänner haben eine schwarze Pelerine an), weist den Fleischergesellen zurück, der junge Fleischer kehrt um, verschwindet. Beide Wachmänner unter dem Wachtturm stehend, zünden sich gegenseitig eine Zigarette an. Rauch, Lachen, ihre Profile, Hinterköpfe. Die Köpfe schauen empor, die Kamera zeigt aber nur ein vollkommen lebloses Grau. Schauspieler: „Es war merkwürdig, sie behandelten ihn, als wäre er nicht ganz ernst zu nehmen, und fühlten zugleich Hochachtung, wenn sie mit ihm in Berührung kamen." Die Wachmännerköpfe entfernen sich voneinander, dazu die militärischen Schritte der Wachmänner. Essengeschirrlärm aus den Anstaltsfenstern. Der schwarzgekleidete Bub steht auf dem Platz vor der Kirche und bläst in die Zugbegleiterpfeife. Zwei sehr rasch über den Flußbettdamm fahrende Radfahrer, auf die Strafanstalt blickend, in schwarzen Sonntagsanzügen. Ein Häftling in einer Küchenschürze, einen Kübel mit Abfall ausleerend in einen großen Bottich an der Anstaltsmauer am Küchentrakt. Der Anstaltsdirektor in seinem Büro hinter dem Schreibtisch, mit dem ausgestreckten Zeigefinger einem unsichtbaren Aufseher etwas erklärend, lachend. Mit beiden

Händen etwas verneinend. Aufstehend und auf dem an der Wand befestigten Anstaltsplan etwas erklärend. Zwei Nonnen, auf dem Platz unter dem Büro des Direktors, den Platz überquerend, in die Kirche eintretend. Kopf einer Bäuerin auf dem Flußbettdamm, sich gegen die Anstalt drehend, Kopf eines Buben, eines Mädchens, beide mit Schultaschen auf den Rücken, zur Strafanstalt herüberschauend. Ein Traktor mit Anhänger, auf welchem fünf oder sechs Häftlinge kauern. Die Schläge der Turmuhr *im* Traktorgeräusch. Der linke Wachmann bleibt abrupt stehen und schaut zum Zellenfenster des Kulterer hinauf. In der Zelle drückt einer der Mithäftlinge einen anderen gewaltsam auf die Pritsche nieder, während sich der dritte Mithäftling wäscht und vom Waschbecken aus den beiden Raufenden zuschaut. Der Kulterer in der gegenüberliegenden Ecke mit aufgerissenen Augen die Szene beobachtend. Seine Kleidung ist, zum Unterschied von der Kleidung der andern, adrett. Während die Kamera auf dem Kulterer bleibt, sagt der Schauspieler: „Wie sie impulsiv in ihrer geistesgestörten Bewußtlosigkeit an eine Zertrümmerung der Elemente dachten in ihrer von vornherein feststehenden Niederlage, fühlte er, abseits stehend.“ Der am Waschbecken trocknet sich ab, spuckt in das Waschbecken. Gezeigt wird ein großer schwarzer Käfer auf dem Fußboden. Der am Waschbecken grinst über sein ganzes Gesicht, er wirft das Handtuch ins Waschbecken und zertritt den Käfer, deutlich das Geräusch des Käferzerdrückens und Zerquetschens. Der Kulterer dreht sich um und schaut auf die Wand unter dem Zellenfenster, steigt auf die Bank unter dem Zellenfenster und schaut hinaus. Die Kamera zeigt ihn von hinten und dann die Landschaft draußen, die düster und leblos ist. In die Düsternis und Stille der Landschaft hinein plötzlich das Aufschreien einer größeren Anzahl von Schulkindern. Der linke Wachmann wischt sich die Schuhe mit einem Sacktuch ab, steckt das Sacktuch ein, der rechte Wachmann vertreibt mit abrupten Handbewegungen den schwarzgekleideten Buben, der davonläuft und zwischen den Büschen in Richtung zum Wehr stehenbleibt und in die Zugbegleiterpfeife bläst. Anstaltsglocke läutet, wird gezeigt. Ein Leiterwagen mit Anstaltswäsche, der von vier Häftlingen gezogen und geschoben wird, dahinter ein Wachmann, Geräusch vom Toröffnen. Kamera auf den in einem Tor verschwindenden Leiterwagen. Der Anstaltsdirektor geht zum Fenster seines Büros und schaut in den Hof hinunter. Er nimmt eine Tablettenschachtel aus seiner Rocktasche und steckt drei, vier Tabletten hastig in den Mund. Dann zieht er den Rock aus und hängt ihn an den Kleiderständer in der Büroecke. Setzt sich an den Schreibtisch, spannt die Hosenträger mit dem Daumen, zieht ein paarmal daran, läßt wieder aus, etcetera. Der schwarzgekleidete Bub, der die ganze Zeit zwischen den Büschen im Gras gesessen war, springt auf und läuft weg. Der linke Wachmann wird gezeigt, wie er exakt seine Wachschritte macht, die Pellerine von hinten, plötzlich hört man das Pfeifen des schwarzgekleideten Buben, und der Wachmann dreht sich abrupt um, schaut zu den Büschen hinüber, wie erstarrt einen Augenblick, geht dann wieder weiter. Kamera vom Rücken des Wachmanns weg auf das eine Ende der Strafanstaltsmauer ans andere. Hunde, Wagen hört man, einen Zug. Auffallend, mit welcher Ruhe die Kamera geführt wird, Schauplätze und Geschehnisse des Films sind vollkommen isoliert von der wahrscheinlich ununterbrochen unruhigen Umwelt. Der Film ist ein Geschehen der Ruhe in der Unruhe, wie ein Geschehen der Unruhe in der Ruhe. Der Film ist nicht irritiert von seiner Umgebung, die Umgebung ist vom Film nicht irritiert. Kamera zeigt vom Turm den Kirchplatz, der vollkommen leer ist, nach vier oder fünf Sekunden eine Häftlingsgruppe mit Aufseher von links den Platz überquerend, gleichzeitig eine Häftlingsgruppe von rechts. Der Schauspieler sagt, während die Häftlinge den Platz überqueren: „In den letzten Tagen vor seiner Entlassung, die sich qualvoll auf sein Herz und auf seinen Verstand legte, ohne ihn aber erdrücken zu können, und die auf seinem Gesicht ihren menschenunwürdigen Ausdruck fand, versuchte er den Kontakt mit den Mithäftlingen, und oft auf rührende Weise, wie er sich wünschte, ein für allemal und für immer, zu festigen." Kulterer mit dem Aufseher auf dem Gang auf dem Weg in die Druckerei, gangputzende Mithäftlinge anredend, ohne daß man versteht, was er sagt. Er sitzt auf der Pritsche und streckt die vier Finger seiner rechten Hand aus, wie wenn er seinen Mithäftlingen etwas mit *vier* bezeichnen wollte. Er putzt sich die Schuhe in der Ecke. Er sitzt am Tisch und schreibt. Die Kamera läßt sich Zeit, ihn schreibend zu zeigen, es ist fast finster. Die Mithäftlinge liegen auf ihren Pritschen, sieht man undeutlich, und beobachten ihn, wie er schreibt. Der Schauspieler sagt: „Die Erfindung des Gedankens im Menschen erschien ihm als das kostbarste Geschenk, das es gibt." Er legt sich auf die Pritsche und zieht die Decke über sein Gesicht. Von draußen das Pfeifen eines Zuges. Einer der Mithäftlinge sagt: erzähl' was, er sagt es drohend, aber der Kulterer erzählt nichts, er hat sein Gesicht gezeigt und zieht plötzlich wieder die Decke über seinen Kopf. Ein riesiger Friseur im Friseurmantel betritt mit dem Aufseher die Zelle. Die Häftlinge springen auf, der Aufseher zeigt auf alle drei, bedeutet dem Friseur, daß ihnen die Köpfe geschoren werden, zum Kulterer gewandt, sagt der Aufseher: eahm net, der geht ham. Der älteste der Häftlinge setzt sich auf den Sessel in der Zellenmitte, und der Friseur fängt ihn zu scheren an, während der Kulterer zuschaut. Der vom Friseur geschoren wird, zum Kulterer: komisch, wia der des siacht. Friseur: was? Der Häftling: des mitn Bierkruag. Der dritte Häftling: i vastehs net, aba guat is. Der zweite: guat? Der zweite: da Aff, was hat a denn gmacht? Der Kulterer: er is tot abagfalln vom Bam. Der Halbgeschorene vor sich hin: tot. Noch einmal: tot. Der Schauspieler sagt, während die Kamera den Häftlingskopf zeigt, der gerade *tot* gesagt hat: „Er schrieb nur traurige Geschichten. Manchmal fielen ihm äußerst lustige ein, über die er selbst lachen mußte, aber aufschreiben konnte er sie nicht.“ Kamera auf das Zellenfenster, hinaus. Ein alter Mann mit einem Karren, als wär's ein Scherenschleifer, auf dem Damm, herüberschauend. Plötzlich die Druckmaschinen laut, der Drukkereisaal, der Kulterer, Drucksorten abzählend. Nacheinander zeigt die Kamera die an den Maschinen stehenden Häftlinge. Groß der Aufseher am Eingang, der alles überblickt, plötzlich auf die Uhr schaut. Es läutet schrill. Arbeitsschluß, die Häftlinge bilden in der Mitte des Druckereisaals eine Gruppe und gehen gemeinsam ab. Die Kamera bleibt auf der Häftlingsgruppe, bis der ganze Druckereisaal leer ist, auf dem finstern Ausgang. Der

Direktor im Hof. Er geht auf einen Rosenstrauch zu und pflückt eine Rose und steckt sie sich in das Rockrevers. Schaut zu den Zellen hinauf. Alles ist ruhig. Dann geht er ein paar Schritte und zieht plötzlich die Rose aus dem Rockreversloch und wirft sie weg, die Rose ist auf den Weg gefallen, er hebt sie wieder auf und wirft sie an die Mauer, wo sie ins Gras fällt. Er winkt den Aufseher heran. Der Aufseher kommt, und die beiden gehen, etwas besprechend, den Hof ab. Kamera zeigt sie einmal von hinten, beide haben die Hände auf dem Rücken verschränkt, einmal von vorn. Der Direktor gibt dem Aufseher einen Zettel, in Wirklichkeit, erkennt man, eine Liste mit Namen. Der Aufseher steckt die Liste ein. Plötzliches Auflachen zweier Nonnen, die in den Hof heraustreten, der Direktor und der Aufseher schauen ihnen nach, wie die Nonnen den ganzen Hof überqueren. Direktor und Aufseher bleiben stehen. Der Direktor sagt: Wiesmayr, Neumann! Macht eine Pause, sagt: Kulterer. Samstag geht auch der Kulterer. Der Aufseher sagt: ein Paket, ein Brief. Der Direktor: ein Paket. Ein Paket. Die beiden gehen ab. Der Kulterer sitzt am Tisch in der

Zelle, während die andern drei jetzt geschorenen Häftlinge auf dem Boden hocken und Schach spielen, man sieht keine Schachfiguren, aber es ist klar, sie spielen, und zwar zu dritt, Schach. Der Kulterer hat Papier auf dem Tisch, schreibt aber nicht. Er macht, vom Tischmittelpunkt ausgehend, mit dem rechten Zeigefinger Kreise auf der Tischplatte, langsam, bedächtig. Hat er sieben und also immer weitere Kreise gemacht, steht er plötzlich auf und schaut zum Zellenfenster hinaus. Geht zur Waschschüssel, in welcher ein Handtuch liegt, faltet das Handtuch und hängt es auf. Bläst gegen das Waschbecken, von welchem ein Schmetterling auffliegt. Der Schauspieler sagt: „Wie klar waren hier, in der Finsternis, mitten im niedergehaltenen Menschentum, das durch seine Maßregeln kaum zu atmen wagte, die Konturen aller Begriffe! Wie klar war hier selbst das Entfernteste, Widerwilligste, Eigenwilligste, Ungreifbarste!" Während der Schauspieler das sagt, zeigt die Kamera das Gesicht des Kulterer, der den aufgeflogenen Schmetterling beobachtet, der aufgescheucht im Zimmer hin und herfliegt, beim Zellenfenster hinausfliegt, wohin ihm der Kulterer nachschaut.

Der Kulterer setzt sich wieder an den Tisch. Lautes Auflachen der Mithäftlinge auf dem Boden zeigt das Partieende an. Einer steht auf und geht zur Waschschüssel und spuckt hinein. Zieht sich die Socken aus und beginnt, sich die Füße zu waschen. Daneben verrichtet ein anderer seine Notdurft auf dem Klosett, was man aber nicht sieht, nur mit dem Ziehen an der Wasserspülung hört. Draußen auf dem Gang laufen mehrere Häftlinge in ihren derben Schuhen, was die Aufmerksamkeit der Häftlinge in der Zelle erregt. Die laufende Häftlingsgruppe wird nicht gezeigt, man hört aber, wie sie einmal den Gang auf- und einmal abläuft. Der Kulterer ist zur Tür gegangen, horcht. Plötzlich wird die Zellentür aufgemacht. Der Aufseher erscheint in der Tür, ruft: Kulterer. Der Kulterer, der neben der Tür steht, nimmt stramme Haltung an. Der Aufseher gibt ihm einen Briefumschlag und sagt: gut durchlesen. Gut durchlesen. Der Aufseher geht ab, versperrt die Zellentür. Der Kulterer setzt sich mit dem Kuvert an den Tisch. Der älteste Häftling sagt: die Entlassungspapiere. Der Kulterer nimmt ein großes Papier aus dem Umschlag, entfaltet es und beginnt, es durchzulesen. Die Kamera zeigt den ganzen Flußbettdamm, darauf mehrere Nonnen, die nach rechts gegen die Berge zu gehen. Ein Lastwagen von rechts, auf welchem Vieh zusammengepfercht ist. In dieses Bild hinein sagt der älteste Häftling: alles genau studieren, alles genau ausfüllen. Der Kulterer wiederholt: genau ausfüllen. Genau ausfüllen. Während der Kulterer zweimal hintereinander genau ausfüllen sagt, zeigt die Kamera rasch aufeinander Flußbettdamm, rechten, linken Wachmann, rechter Wachmann sich schneuzend, linker Wachmann seine Schuhspitzen polierend, Gärtner im Garten, den Fleischer in der Küche an der Arbeit, in der Küche kartoffelschälende Häftlinge, in großen Töpfen umrührende Häftlinge, bodenschrubbende Häftlinge. Während der älteste Häftling sagt: du mußt das Papier genau ausfüllen, genau, verstehst du!, zeigt die Kamera den Schneidereisaal, in welchem Häftlinge Stoffe schneiden, nähen, Knöpfe annähen, fertige Kleidungsstücke aufeinanderstapeln; den Papiertütensaal, in welchem Häftlinge Papiertüten picken. Du mußt alles genau studieren und alles genau ausfüllen, wiederholt der älteste Häftling.

Man hört ein kräftiges Indiewaschmuschelspucken. Plötzlich zeigt die Kamera den Kulterer am Tisch, wie er das Papier studiert. Die Schachspielenden klauben die Schachfiguren vom Boden auf und werfen sie in die Schachschatulle, das sieht man aber nicht, gezeigt werden nur die Körper der Häftlinge, nicht die Schachfiguren. Ana gwinnt oiwei, sagt der älteste Häftling. Hinterkopf des Kulterer, der sich immer tiefer in das Papier versenkt. Der Schachspieler sagt: „Alle Wörter hatten für ihn die gleiche Bedeutung, etliche aber versenkten ihn von allem Anfang an tief in eine geheimnisvolle Finsternis, in das Paradies einer Grundfarbe und in Zahlen und Ziffern, in Voraussetzung für Geschriebenes." Während dieses Satzes zeigt die Kamera nur, wie der Kulterer das Entlassungspapier studiert. Plötzlich, vom Waschbecken her, der zweite Häftling: ausfülln, wast eh. Ausfülln. Heftiges Geräusch der Wasserspülung. Kulterers Gesicht am Zellenfenster, Kamera von außen, das auf den Flußbettdamm hinüberschaut, von dort eine Blasmusikkapelle, wie zu einem Feiertag, einmal lauter, einmal weniger laut mit dem Wind. In diese Szene hinein sagt der

Schauspieler: „Er fürchtete, in Freiheit, der Sträflingskleider entledigt, nichts mehr schreiben zu können, nichts mehr denken zu können; er fürchtete, dann, im wilden Ausgesetztsein des Entlassenseins, nichts mehr zu sein." Ein Zug fährt auf dem Bahnhof ein, bleibt stehen, Reisende steigen aus, steigen ein, jetzt erst steigen aus dem letzten Waggon neuankommende Häftlinge, die auf dem Bahnsteig zusammengestellt, abgezählt werden. Drei Aufseher führen die Häftlinge zum Bahnhof, wo sie drei anderen, anstaltseigenen Aufsehern übergeben werden. Die Kamera zeigt die Häftlinge auf dem Weg vom Bahnhof zur Strafanstalt. Die neuangekommenen Häftlinge verschwinden im Tor der Strafanstalt. Der Kulterer sitzt am Tisch und füllt das Entlassungspapier aus, der Aufseher, durch seine lauten Schritte angekündigt, sperrt die Zelle auf, tritt ein, der Kulterer springt auf und gibt ihm das ausgefüllte Papier. Der Aufseher liest es kurz durch, sagt: da fehlt noch was!, geht zum Tisch hin, nimmt den Bleistift und korrigiert etwas. So! sagt er und geht zur Zellentür, dreht sich um und sagt zum Kulterer: um elf zum Direktor, geht hinaus und sperrt die Zelle ab. Der älteste Häftling über den Kulterer: der hat a Massl, dassa hamgeht. Schrilles Läuten. Stille. Schritte auf dem Gang. Neiche, sagt der älteste Häftling. Der Kulterer kämmt sich vor dem Spiegel, macht sich einen Scheitel. Der älteste Häftling sagt: mir san glatzad, glatzad san mir. Während die Kamera auf dem sich kämmenden Kulterer bleibt, sagt der Schauspieler: „Nicht zuletzt kamen ihm die Zucht und die Unzucht der Zucht der Strafanstalt für seine Gedanken, ja für alles, zugute." Gescheitelt setzt er sich auf seine Pritsche und schaut unbeweglich auf die Zellentür. Der Schauspieler sagt: „Er nahm jetzt Abschied von den Gebäuden. Wie schön und vollendet gehorsam empfand er auf einmal, viel stärker als die ganzen Jahre, die Linienführung der Mauern." Die ganze Zeit, während der Schauspieler den kommentierenden Text spricht, schaut der Kulterer auf die Zellentür und kümmert sich nicht darum, was seine Mithäftlinge tun, die mit dem Säubern der Zelle und mit Ordnungmachen in der Zelle überhaupt beschäftigt sind. Hinter dem auf die Zellentür schauenden Kulterer werden Bilder der Anstalt gezeigt. Der Schauspieler sagt: „Man sieht deutlich, daß es sich um ein Kloster handelt“, und gezeigt wird ein Kloster beispielsweise, etcetera. Der Schauspieler sagt: „Es ist ja kein Unterschied zwischen einem Kloster und einer Strafanstalt, dachte er, der Unterschied vielleicht, daß das Kloster ein freiwilliges, die Strafanstalt aber ein unfreiwilliges Gefängnis ist; das eine erlegt man sich auf und kann es jederzeit, wann man will, wieder verlassen, in das andere wird man zwangsweise eingesperrt, und man kann es nicht, wann man will, verlassen.“ Gezeigt werden während dieses Textes hinter dem Kulterer, den man auf der Pritsche sitzend und auf die Zellentür schauend sieht, die Schönheiten des Strafanstaltsgebäudes, das einmal ein Kloster gewesen ist. Der Schauspieler als Kommentator kommentiert, was gezeigt wird: „Er entdeckte die Harmonie der Unebenheiten des Mauerwerks, das charaktervolle Altertum der Giebel und Simse, die Großzügigkeit der Treppen, die sanften Schwünge der Fensterabschlüsse“, sagt der Schauspieler. Und er sagt (während, was er sagt, gezeigt wird): „In der Kapelle, die er die ganzen anderthalb Jahre tagtäglich in der

Frühe zur Messe aufgesucht hatte, schaute er plötzlich mit seinen neuen Augen." Tatsächlich wird hinter dem auf der Pritsche sitzenden und auf die Zellentür schauenden Kulterer, der Kulterer gezeigt, wie er sich in der Kapelle umschaut, der Kulterer sieht den Kulterer, der Kulterer beobachtet sich, und der Schauspieler sagt: „Und erst das Arbeitsgerät, das im Hof an den Wänden hing, im Schuppen auf dem Boden lag, die vielen altertümlichen Rechen und Gabeln und Sensen! Er hatte es immer geliebt, auf die Wiesen und Felder zu gehn." Jetzt sieht man den Kulterer sich auf Wiesen und Feldern beobachten, sich sehen, wie er über den Flußbettdamm geht, nur in Hose, mit Schaufel und Rechen, die Anstaltskappe auf dem Kopf, mit mehreren anderen. Der Schauspieler sagt: „Doch empfand er die wärmere Jahreszeit hier immer schmerzlicher als Herbst und Winter. Man ist zu gemein unter der Knute des Aufsehers unter der Sonne!" sagt der Schauspieler und: „Und das Lachen der Bauersfrauen, das man von den Höfen herüber hört, ist ein furchtbarer Abgrund." Bei dem Wort ‚furchtbar' verschwinden die Hintergrundbilder, bei dem Wort ‚Abgrund' zeigt die Kamera nur noch den Kulterer auf der Pritsche sitzend, auf die Zellentür starrend. Die Kamera durchs Zellenfenster auf den Flußbettdamm, auf welchem eine größere Häftlingsgruppe sichtbar ist, von rechts nach links gehend. Der Schauspieler kommentiert: „In der Holzarbeitergruppe hatte er nie gearbeitet, dafür war er zu schwach. Die jungen Leute drängten sich natürlich immer in die Holzarbeitergruppe hinein, sie dachten an Flucht." Im Hintergrund des auf die Zellentür starrenden Kulterer entdeckt der Kulterer im Schuppen ein Tellereisen, und der Schauspieler sagt: „Mit solchen Tellereisen fangen sie seit Jahrhunderten das Raubtier, dachte er. Wie kommt dieses Tellereisen hierher?" Die Kamera zeigt, während sie noch immer den auf seiner Pritsche sitzenden Kulterer zeigt, den Aufseher knüppelschwingend im Hof, in der Hofmitte, während des Mittagsspaziergangs, er ruft: Kulterer, gemma, gemma!, was den Kulterer zu rascheren Schritten veranlaßt, noch einmal ruft der Aufseher: gemma, gemma Kulterer! Der Schauspieler sagt: „Der Aufseher ist groß und breit gewachsen und schlägt blitzartig zu. Sie nennen ihn alle ‚Die Gummiwurst‘, weil er oft den Knüppel benützt, um sich Gehör zu verschaffen. Rechtmäßigkeit.“ Gemma, gemma! ruft der Aufseher, alle Häftlinge fangen rascher zu gehen an, laufen schließlich, noch einmal der Aufseher: gemma, gemma!, worauf die Häftlinge noch rascher laufen, die Kamera steht still und die laufenden Häftlinge sind kaum mehr als solche laufenden Häftlinge wahrzunehmen. Noch einmal des Aufsehers: gemma, gemma!, dann sagt der Schauspieler: „Kurze, halblaute Wörter, das ist er.“ In das Laufen der Häftlinge hinein brüllt der Aufseher: infame Bestien! und: das ist ja ein fatales Mißverständnis, Schweinehunde! Der Kulterer sieht sich jetzt, starr auf die Zellentür schauend, das Paket auspacken, das ihm von seiner Frau geschickt worden ist, und der Schauspieler sagt: „Alle diese Pakete von seiner Frau enthielten immer das gleiche, Fleisch, Butter, Papier, Socken, einen Brief. Er fürchtete sich immer vor dem Auspacken, genauso wie vor dem Lesen des Briefes, er hatte immer Angst davor gehabt, vor dieser Mißstimmung, in die ihn das Auspacken solcher Pakete und das Lesen solcher Briefe stets hinuntergestürzt hatte, vor dieser Schambildung in ihm.“ Er sieht sich den Inhalt des Pakets vor sich auf dem Tisch aufbauen. Der Schauspieler sagt: „In der Nacht hatte er überraschenderweise eine Geschichte mit dem Titel ‚Logik‘ geschrieben gehabt, eine Meditation. Jetzt fragte er sich, während er das Paket auspackte, was ist denn das Wort Logik für ein Wort? Das Wort Logik? Kamera von gegenüber auf den Kirchturm, auf die Glocke, an welche der Glockenschwengel schlägt. Von dort auf den Platz hinunter, durch das Tor rechts ein Häftling mit einem Notenbuch, mit einem Wachmann. Dann die beiden von oben, wie sie die Wendeltreppe zur Orgel hinaufgehen. Der Häftling setzt sich an die Orgel, greift in die Tasten, spielt den Anfang des AVE MARIA von Bruckner, während seitwärts in einer der Bänke der Wachmann sitzt, ein Jausenbrot essend. Wie wenn er vom Häftling beobachtet würde, dreht sich der Wachmann nach dem Häftling um. Kamera auf die Hände des Häftlings, der ruhig und als wäre er Organist, spielt. Eine Nonne am Altar, Blumen gießend. In der rechten rückwärtigen Kirchentür plötzlich der schwarzgekleidete Bub mit der Zugbegleiterpfeife, in die er plötzlich fest hineinbläst, ohne daß man die Pfeife hört. Kamera auf den Kirchenplatz vom großen Kirchentor aus, zur Schlachtbank hinüber, wo gerade ein Viehwagen stehengeblieben ist. Zwei Wachmänner mit weißen Fleischerschürzen und weißen Fleischerkappen auf dem Kopf, aber doch sofort als Wachmänner erkennbar, reißen die hintere Wagenwand auf und treiben das herausstürzende Vieh, drei, vier Kühe und Kälber, in die Schlachtbank, diese Geräusche vom Ausladen und Treiben des Viehs in die Schlachtbank hört man jetzt durch das Zellenfenster herein, die Kamera ist an der Zellentür postiert, auf das Zellenfenster gerichtet, unter welchem der Kulterer mit dem Packpapier von dem Paket, das ihm seine Frau geschickt hat, steht. Er faltet das Packpapier zusammen und steckt es unter seine Matratze. Lies uns was vor, sagt der älteste Mithäftling und beide, der älteste und der andere, setzen sich auf ihre Pritschen und warten darauf, daß ihnen der Kulterer etwas vorliest. Der Kulterer beginnt vorzulesen, er sagt den Titel von dem, was er ihnen vorliest: Logik, sagt er, und die Kamera geht aus der Zelle hinaus auf den Flußbettdamm, weit ins

Land und dann, als wäre sie so lang wie die Geschichte, die der Kulterer vorgelesen hat, weggewesen, wieder zurück in die Zelle, wo der Kulterer gerade sein Papier, auf welchem seine Geschichte mit dem Titel ‚Logik' steht, zumacht. Der Schauspieler sagt in dem Augenblick, in welchem der Kulterer zu lesen aufgehört hat: „Er durfte sich nicht verleiten lassen, zu glauben, sie seien ergriffen gewesen, aber er war sehr glücklich." Der Kulterer blickt von seinem Papierstück auf und sagt: es gibt überhaupt kein Unrecht! Die Mithäftlinge rollen sich auf ihren Pritschen in ihre Decken ein. Schauspieler: „In seinem Falle war kein ihm geschehenes Unrecht festzustellen. Er hatte getan, was man nicht tun darf, und er wurde dafür bestraft. Wo ist die Grenze der Freiheit und von wo aus wird sie bestimmt?, fragte er sich." Kamera jetzt im Keller, kartoffelschaufelnde Häftlinge werden gezeigt. Kohlenschaufelnde. Eine Gruppe von Häftlingen auf dem Bahndamm, man sieht waggonputzende Häftlinge auf dem Frachtenbahnhof, von wo aus die rückwärtige Fassade der Strafanstalt gezeigt wird. „Er dachte nie an Flucht", sagt der Schauspieler, während die Kamera die waggonputzenden Häftlinge und dahinter die ganze Strafanstalt zeigt. Die Zellentür wird zugeschlagen, der Kulterer ist allein in der Zelle. Der Schauspieler sagt: „Anfänglich hatte er gebebt, wenn man die Zellentür hinter ihm verriegelt hatte; wenn auch keine Auflehnung in ihm gewesen war, so hatte er sich doch jedesmal in einer ungeheuer getretenen Verfassung befunden. Das Wort Widerrede stand ihm früher bei solcher Gelegenheit naturgemäß im Gesicht, aber er sprach es nicht aus." Während der Schauspieler diesen Text spricht, steht der Kulterer unbeweglich an der Zellentür, die gerade hinter ihm zugesperrt worden war. Geräusche des Zusperrens, des Weggehens des Aufsehers deutlich noch hinter dem Text des Schauspielers. Der Kulterer geht zum Kasten und nimmt sich einen Brotlaib, den ihm seine Frau geschickt hat, und bricht sich ein Stück vom Brotlaib herunter, gibt den Brotlaib in den Kasten zurück und setzt sich an den Tisch, das Stück Brot essend. Jetzt Schritte, Aufsperren der Zellentür, die Mithäftlinge kommen herein, gleich wird hinter ihnen vom Aufseher zugesperrt. Der Schauspieler sagt: „Es gab in der Anstalt eine Menge primitiver, schwer erträglicher Arbeiten, es war nicht recht durchschaubar, nach welchen Gesichtspunkten man für die eine oder andere Arbeit eingeteilt wurde. Seine Mithäftlinge waren auf einmal zur Arbeit in der Gerberei eingeteilt." Während der Schauspieler das sagt, ziehen sich die gerade hereingekommenen Mithäftlinge des Kulterer ihre Jacken, dann ihre Hemden aus. Der Schauspieler sagt: „Den Vorzug, in der Druckerei zu bleiben oder in der Küche, konnten sich die allerwenigsten länger als eine ganz kurze Zeit erhalten." Kamera auf den Kulterer, der die drei aus der Gerberei Zurückgekommenen von seinem Platz am Tisch aus beobachtet, dazu der Schauspieler: „Wäre er auf die Idee gekommen, darüber nachzudenken, hätte er feststellen können, daß er der einzige war, der einen so großen Zeitraum von anderthalb Jahren in der Anstaltsdruckerei überlebt hatte." Kamera auf den Viehwagen vor der Schlachtbank. Die beiden Wachmänner mit den langen weißen Fleischerschürzen schließen die Ladefläche des Wagens, springen auf und drehen mit dem Wagen eine Runde auf dem Hof. Während der Viehwagen die Runde auf dem Kirchenplatz dreht, Einsetzen der Orgelmusik, Anfang Bruckner AVE MARIA. Kamera auf die Hände des Orgelspielenden, auf seine Stirn, ganzes Gesicht, herunter über seinen Häftlingsrock, sodaß man leicht die Anzahl der Knöpfe auf seinem Rock zählen kann, auf die Stirn des ihn bewachenden Justizbeamten, an ihm, wie vorher am Häftling, herunter, sodaß man auch leicht seine Knöpfe zählen kann. Die geschlossenen Augen des Bewachten und des Bewachers nacheinander. Kamera über das Kirchenschiff. Plötzlich klappt der Orgelspieler die Tasten zu, der Häftling springt, wie mechanisch, wie wenn er einen Befehl dazu erhalten hätte, auf. Häftling und Bewacher schauen in den Kirchenraum, gehen dann hintereinander von der Empore hinunter, Kamera hinter ihnen her, die beiden gehen durch das ganze Kirchenschiff und durch die Sakristei, dann über den Kirchenplatz und verschwinden dort, wo vorher die Kühe und Kälber hineingetrieben worden sind. Gesicht des Anstaltsdirektors, der sagt in die Kamera hinein: eine vollkommene Unsinnigkeit, diese Verordnung ist eine vollkommene Unsinnigkeit. Während er einen Akt auf seinen Schreibtisch legt, in die Kamera zum Aufseher: eine vollkommene Unsinnigkeit. Die Wirklichkeit ist eine andere. Kamera auf den Aufseher, der dem Direktor gegenübersteht, Großaufnahme zuerst des Gesichts des Aufsehers, dann des Gesichts des Direktors, dann des Gesichts des Aufsehers, Großaufnahme des Gesichts des Direktors, während er sagt: die Intelligenz weiß nichts, mein Lieber, die Intelligenz weiß nichts. Infamie, Unsicherheit, mein Lieber, dabei lehnt er sich zurück, klopft mit dem Bleistift auf den Schreibtisch. Interessant, sehr interessant, sagt der Direktor. Infamie, Unsicherheit, Unsinn, verstehen Sie. Nach einer Pause sagt er: ignorieren, einfach ignorieren, verstehen Sie. Kamera auf das Gesicht des Aufsehers, während der Direktor spricht, auf das Gesicht des Direktors, wenn der Aufseher spricht. Die Orgelerlaubnis habe ich gegeben, nicht der Monsignore, verstehen Sie, sagt der Direktor und gibt dem Aufseher einen Akt in die Hand. Der Aufseher steht auf, will gehen. Der Direktor sagt: bringen Sie mir das Hundefett mit, wenn Sie nach Steyr fahren, damit ich mich einreiben kann, hören Sie. Zwei große Dosen. Lacht. Der Aufseher wiederholt: zwei große Dosen. Aufseher hinaus, der Direktor schaut auf die Tür, die der Aufseher gerade zugemacht hat. Dann vertieft er sich in den Akt 340697 mit der Aufschrift KULTERER FRANZ, den ihm der Aufseher offensichtlich gerade gebracht hatte. Kamera zeigt den Kulterer am Waschbecken sich waschend mit nacktem Oberkörper, die Mithäftlinge am Tisch beobachten ihn. Der Schauspieler sagt, während sich der Kulterer über das Waschbecken beugt: „Ohne daß er selbst wußte, wie das möglich gewesen ist, war er oft derjenige, welcher große Spannungen zwischen den Häftlingen und der Aufsicht, ja selbst offen zwischen beiden Machtgruppen auftretende Feindseligkeiten schlichten konnte." Kamera auf die auf dem Boden spielenden Mithäftlinge. Die Zellentür wird aufgesperrt, aufgerissen, der Aufseher tritt ein und stellt sich an der Tür auf, er lehnt an der Tür und beobachtet abwechselnd den Kulterer, wie er sich wäscht und die Schachspielenden auf dem Boden. Der Kulterer hält in seiner Oberkörperwaschung inne, trocknet sich ab und sagt zum Aufseher: jaja, ich weiß, Herr Aufseher. Er zieht sein Hemd an und geht zum

Aufseher, und der verschwindet mit ihm aus der Zelle. Der älteste Mithäftling auf dem Boden sagt, dem Kulterer nachblickend: zwa Tag no, dann geht a ham. Die Kamera bleibt auf der Zellentür, während die Schritte des Kulterer, der mit dem Aufseher über den Gang geht, immer leiser werden, und während der Schauspieler sagt: „Die ganze Zeit hatte es nie eine ihn betreffende Beschwerde gegeben, niemand in der Strafanstalt hatte sich jemals über ihn beklagt, weder von seiten der Aufsicht noch von seiten der Häftlinge. Niemand war ihm jemals bös oder auch nur in Ansätzen schlecht gesinnt gewesen." Kamera zeigt das Wartezimmer des Anstaltsarztes, in welchem drei Häftlinge mit einem Aufseher sitzen in dem Augenblick, in welchem der Kulterer mit seinem Aufseher eintritt. Der Aufseher klopft an der Tür, gibt einen Zettel ab, setzt sich dann mit dem Kulterer auf die freie Bank. Kamera vom Wartezimmer des Arztes hinaus auf den Flußbettdamm, zum Wehr hinüber, es ist halbsechs Uhr nachmittag, die Arbeiter fahren auf den Straßen über dem Flußbettdamm nach Hause. Kamera auf die zwei Wachmänner unten am

Wachtturm von oben, gerade gehen die Wachmänner, die zu den heimfahrenden Arbeitern hinübergeschaut haben, auseinander im Wachschritt. Der Gärtner hört zu arbeiten auf. Zwei Nonnen gehen in die Kirche hinein. Aus zwei Richtungen kommen Arbeitsgruppen von Häftlingen auf den Kirchenplatz und gehen in die Strafanstalt. Die Kamera zeigt den im Wartezimmer des Arztes aufspringenden Kulterer, der seinen Namen von der Ordinationsgehilfin rufen gehört hat, er geht in die Ordination hinein, der Aufseher bleibt an der Tür stehen. Auf dem Bahnhof fährt ein Zug ab. Während die Kamera vom Dach der Strafanstalt aus den abfahrenden Zug zeigt, sagt der Schauspieler: „Es war ihm trotz des Verstandesmäßigen, das augenblicklich mit seiner Verurteilung in ihm wie eine elementare Umwandlung seines Gehirngefüges eingesetzt hatte zu arbeiten, radikal zu trennen und zusammenzusetzen begonnen hatte, einfach Recht zu sprechen begonnen hatte, fürchterlich gewesen, sich unterzuordnen unter die neuen Machthaber, unter die Tatsache, ein Häftling, ein Verbrecher, eine auf unabsehbare Zeit kriminelle, verfügungsbereite Existenz zu sein.“ Abenddämmern. Vier oder fünf Häftlinge arbeiten in der Müllgrube, laden Müll ab, die Müllgrube raucht, ein primitiver Wagen wird entladen, man sieht, es handelt sich um die letzten arbeitenden Häftlinge an diesem Tag. Ist der Wagen entladen, stehen die Häftlinge im Müll und knöpfen ihre Jacken und Hemden zu und steigen auf den Wagen, fahren zur Strafanstalt. Während die Kamera die Gänge zeigt, auf welchen das Abendessen ausgeteilt wird, Zellentüren geöffnet werden, Eßtrupps mit rauchenden Töpfen unterwegs sind, Brot verteilen etcetera, füllt sich sozusagen im Hintergrund dieses Bildes ein großer Eßraum mit Häftlingen, offensichtlich handelt es sich um jene, die in Arbeitsgruppen eingeteilt waren. Diese beiden Schauplätze, Gänge und Eßraum, gehen ineinander über, und es werden Massen von Häftlingen gezeigt, die abgespeist werden, eine graue, gierige Menge von Männern wird gezeigt, die sich zum Essen und während des Essens auf den Gängen und im Eßraum und in den Zellen essend bewegt; schließlich werden Hunderte von Häftlingen essend gezeigt, Münder, Mäuler, Hände schließlich, die zu nichts anderem auf der Welt zu sein scheinen, als zum essen, das Schmatzen und Schlucken von Hunderten von Häftlingen in diesen Bildern. Massenszenen von Essenden und Schmatzenden, Beißenden, Trinkenden wechseln mit Großaufnahmen von Mund- und Zungen- und Kinnbewegungen ab. Kamera plötzlich auf die zwei Wachmänner an der Strafanstaltsaußenfront auf der Flußbettseite, die beiden gehen vom Wachtturm weg, auseinander, bleiben stehen, schauen zu den Zellen, aus welchen der Eßlärm kommt, hinauf, die Müllgrube wird gezeigt, in welcher der schwarzgekleidete Bub steht und in die Zugbegleiterpfeife bläst, es ist ein schriller, ein kurzer, schriller Ton, nachdem sich die zwei Wachmänner auf der Flußbettseite der Strafanstalt sofort umdrehen, stehenbleiben und umdrehen und sofort wieder weitergehen, die schwarzen Pellerinen kontrastieren statisch gegen die graue Abendlandschaft über dem Flußbett. Schrilles Läuten auf den Gängen, aus allen Fenstern heraus. Die Kamera auf einen Leichenwagen, der über den Kirchenplatz fährt, schließlich über dem Flußbettdamm, am Wehr vorbei. Der Arzt geht über den Platz in Begleitung der Ordinationsgehilfin. Ein altmodisches Hörrohr steckt in seiner Ärztemanteltasche. Aufschrei eines Häftlings in einer höhergelegenen Zelle, die Ordinationsgehilfin dreht sich nach dem Aufschrei um, während sie mit dem Arzt weitergeht, der Arzt nimmt von dem Aufschrei keine Notiz. Jetzt wird die unmittelbare Umgebung der Strafanstalt gezeigt, zuerst der Flußbettdamm und die Landschaft dahinter in einer einzigen ruhigen Einstellung, darauf nach links der Ort Garsten, Kamera über die Dächer, in die sich um diese Zeit beruhigenden Gassen und Plätze hinein, Geschäfte schließen ihre Rolläden, Gasthäuser füllen sich, Arbeiter in Schlosseranzügen gehen nach Hause. Ein paar Bäckergesellen und -lehrlinge raufen in einer Gasse. Zunftzeichen. Fenster. Portale. Plötzlich sieht man, daß die Strafanstalt in einem Ort ist, der eine sogenannte schöne alte Architektur ist. Ein Schankbursche rollt ein Bierfaß in ein Gasthaustor hinein. Plötzlich Kamera auf die bahnhofseitige Anstaltsmauer mit dem Stacheldraht, auf die Wachttürme, dahinter der Bahnhof, Frachtenzüge fahren ab und ein. Eisenbahner pfeifen, klopfen auf die

Bremsklötze. Alte Frauen an Fenstern. Ein Eisenbahner hängt seine Uniform mit einer raschen, trainierten Handbewegung an den Nagel, streckt die Beine aus, nimmt in einem Blechlavoir ein Fußbad. Diese Bilder werden rasch aufeinander in Sekundenschnelle gezeigt, wie ja in dem ganzen Film die Szenen, in welchen nicht der Kulterer oder nicht die ruhige Landschaft gezeigt werden, sehr rasch aufeinanderzufolgen haben. Mehrere Eisenbahnarbeiter, Oberbauarbeiter, betreten die Bahnhofswirtschaft, gezeigt wird das Schankmädchen, das, wie von zwei Messingpipen aufgespießt, in die Wirtschaft starrt. Die volle Wirtschaft mit Essenden, Trinkenden, in der Ecke, links neben dem Schanktisch, ein Tisch mit Justizwachebeamten in Ausgehuniform. Ein Justizwachebeamter erscheint in der Wirtschaftstür, die an dem Tisch stehen auf, gehen hinaus auf die Straße, besteigen einen Arrestantenwagen. Kamera auf den Kulterer, der völlig nackt unter dem Zellenfenster steht, sich abtrocknend. Der älteste Mithäftling sagt: der hat a Haut wie a Kind. Die drei Mithäftlinge sitzen auf ihren Pritschen und trocknen sich ab. Schlüpfen in ihre Anstaltskleider, während der Kulterer noch immer nackt am Fenster stehenbleibt. Der Schauspieler sagt: „Er fürchtete, in Freiheit, der Sträflingskleider entledigt, nichts mehr schreiben zu können, nichts mehr denken zu können; er fürchtete, dann, im wilden Ausgesetztsein des Entlassenseins, nichts mehr zu sein." Die Häftlinge gehen über den Kirchenplatz in die Kirche. Die Kirche ist zu einem schwachen Drittel besetzt. Es ist die tägliche Abendandacht. In der ersten Reihe sitzen Nonnen. Unter den Häftlingen sitzen, wie nach strenger Vorschrift verteilt, sie bewachende Wachebeamte. Die Orgel spielt der Häftling, der schon einmal gezeigt worden ist. Unten fangen die Häftlinge zu singen an: Meerstern ich dich grüße. Der Gesang ist zuerst zaghaft und ist dann nach und nach nurmehr noch ein Dröhnen. Morgendämmerung. Die Kamera zeigt von rechts nach links den ganzen Flußbettdamm bis über das Wehr hinaus, keine Menschen, nichts. Vogelstimmen. Die zwei Wachmänner an der Strafanstaltsmauer gegen den Flußbettdamm stehen eng beisammen in einem Gespräch. Kamera bei dieser Einstellung auf dem Damm. Von den Wachmännern zu den Zellen hinauf, Zelle 38. Während das Zellenfenster gezeigt wird, sagt der Schauspieler: „Am Tag seiner Entlassung wurde er schon früh zum Direktor gerufen. Er habe sich für den Aufenthalt in der Strafanstalt bei dem Direktor zu bedanken, sagte ihm der Aufseher, der ihn führte." Einstellung Zimmer des Direktors. Die Tür wird aufgemacht, der Kulterer tritt ein. Es kann vor dieser Einstellung auch gezeigt werden, wie der Aufseher den Kulterer von der Zelle 38 den ganzen langen Gang entlang führt bis zum Direktorzimmer, die Ecken, Windungen der Gänge, wie der Aufseher den Knüppel schwingt, vorschriftsmäßig geht der Aufseher einen Schritt hinter dem Häftling, dem Kulterer, er hat den Gummiknüppel in der Hand, nicht an seinem Rock hängen. Auf dem Weg zum Direktorzimmer begegnen sie einem sogenannten Aufwaschtrupp, ausgerüstet mit Fetzen und Reibbürsten an Holzstielen, an der Arbeit. Oder es wird, nach der Einstellung in der Kirche, noch gezeigt, wie die Häftlinge in der Zelle 38 auf ihren Pritschen liegen, bewegungslos, während man das Singen der in der Kirche versammelten Häftlinge hört, oder diese Szene mit dem Kulterer am Tisch, wie er eine seiner Geschichten schreibt, aber in jedem Falle die Einstellung über den ganzen Flußbettdamm bis zum Wehr mit der Morgendämmerung, der völligen Ruhe der Landschaft, mit den Vogelstimmen, oder es wird nach der Kircheneinstellung noch gezeigt, wie die Wirtsstube, die vorher gezeigt worden ist, voll betrunkener Arbeiter ist, oder der schwarzgekleidete Bub mit der Zugbegleiterpfeife an seinem Elternfenster nicht weit von der Strafanstalt, oder wie der schwarzgekleidete Bub am Küchentisch seines Elternhauses sitzt, um noch spät seine Hausaufgabe zu machen, oder es zeigen sich an verschiedenen Fenstern von Garsten ältere oder ganz alte Menschen, Frauen und Männer in Nachthemden, die ihre Vorhänge zuziehen, oder es wird die Portierwache der Strafanstalt gezeigt, während man den Gefangenenchor „Meerstern ich dich grüße" singen, dröhnen hört, in jedem Falle hört man den Gefangenenchor, gleich in welcher Einstellung, wird die Portierwache gezeigt, sieht man einen Beamten die Lade unter dem Portierfenster zuschieben, in welcher er zwei Revolver liegen hat, er sitzt in seinem

Sessel und starrt durchs Fenster auf das Kopfsteinpflaster vor ihm, mehrere Portierskappen sind an der Wand, die sämtliche Justizwachebeamtenskappen sind, auf dem Boden hockt oder liegt ein Polizeihund. Mit der Einstellung im Direktorzimmer endet der Gefangenenchor abrupt. Kamera hinter dem Direktor auf die Tür gerichtet, der Kulterer tritt ein, hinter ihm der Aufseher, man sieht über dem Kopf des Direktors den Kulterer, der Direktor hat eine Glatze, auf welcher bei dieser Einstellung das Gesicht des Kulterer sitzt und auf diesem das Gesicht des Aufsehers, die Einstellung hat so zu erfolgen, daß auf der Glatze des Direktors genau das Gesicht des Kulterer und auf diesem das Gesicht des Aufsehers sitzen, dieses Bild ist vollständig und wird noch herangezogen, wenn es vollständig und präzise ist, wenn der Direktor sagt: soso, soso jetzt sind Sie dran! Der Abstand zwischen dem Direktor und den an der Tür Stehenden, Kulterer und Aufseher, ist mindestens vier Meter. Langsam geht die Kamera am Hinterkopf des Direktors herunter, sodaß man sieht, der Direktor hat einen Morgenrock an, der von einer Seidenkordel eingesäumt ist, auf dem Rücken des Direktors, in Höhe der Sessellehne, bleibt die Kamera stehen, und man sieht jetzt nur Sessellehne und Direktorsschulter, als der Direktor sagt: wo habe ich Ihren Akt? Wo habe ich Ihren Akt nur!, dazu das mehrmalige Aufreißen und Zuschieben von Schreibtischladen, sehr laut, irritierend laut, wie auch die Direktorsstimme irritierend laut ist, vor allem, wenn er sagt: wo habe ich Ihren Akt nur?, worauf eine Pause eingetreten ist, während welcher man nur das auffallend laute Herausziehen und Zuschieben von Laden hört. Pause. Dann: da ist er ja! Der Direktor sagt das trokken, kurz. Dabei noch immer nur der Direktorsrücken mit der Sessellehne auf dem Bild. Die Kamera geht wieder höher und zeigt den Hinterkopf des Direktors, während der Direktor sagt: Franz Kulterer, geboren 1911 in Aschbach, stimmt das? Darauf der Kulterer, den man gar nicht sehen kann: jaja. Der Direktor: verheiratet, kein Kind, stimmt das? Der Kulterer: jaja. Dieses ‚stimmt das?' sagt der Direktor so, als wäre es seine Gewohnheit, bei jeder Gelegenheit ‚stimmt das?' zu sagen, zu allem und jedem ‚stimmt das?'. Dann sagt der Direktor, von welchem man immer noch nur den Hinterkopf, vor allem den Glatzenansatz sieht: gegen Sie liegt nichts vor. Jetzt die Kamera hoch und zeigt den völlig eingeschüchterten Kulterer, dahinter den Aufseher. Der Kulterer ist ganz unbeweglich mit herabgefallenen Schultern, der Aufseher hinter ihm schwitzt, man sieht Schweiß auf seiner Stirn. Der Direktor, den man jetzt nicht sieht, sagt: Sie können jetzt Ihr Frühstück schon außerhalb der Zelle bekommen. Außerhalb. Die Kamera ist unbeweglich auf dem Kulterer und dem hinter ihm stehenden Aufseher, während man wieder das laute und irritierende Herausziehen und Hineinschieben von Schreibtischladen hört. Pause. Dann der Direktor: was werden Sie denn machen, wenn Sie entlassen sind? Der Kulterer kann nicht sofort antworten. Kamera auf das Direktorsgesicht, das auf eine Antwort Kulterers wartet. Na schön, sagt der Direktor, Sie wissen ja sicher, wie Sie sich draußen zu verhalten haben. Die Formalitäten sind ja erledigt. Aber weil Sie jetzt entlassen werden, das soll nicht heißen ... sagt der Direktor. Bei dem Wort ‚entlassen' ist die Kamera plötzlich auf dem Direktorsgesicht, entlassen werden, das soll nicht heißen... spricht der Direktor in die Kamera hinein, und man sieht nur seinen Mund. Nach dem Wort ‚heißen' ist der Mund des Direktors unbewegt, während man den Kulterer sagen hört: jaja, ich weiß. Wieder ist die Kamera auf dem Kulterer, der Aufseher steht jetzt rechts neben ihm, hat die Hände vor sich verschränkt, während der Direktor sagt: die Formalitäten sind also erledigt. Von mir aus ja. Der Direktor lehnt sich zurück, überlegt etwas den Kulterer betreffendes, den Kulterer anstarrend sagt: sagen Sie... Plötzlich: sind Sie nicht der Mann mit der Schreiberlaubnis? Geschichten etcetera. Papier etcetera. Kurze, kleine Geschichten etcetera, sagt der Direktor. Kamera auf den Kulterer, der ja sagt. Der Aufseher schaut sich im Zimmer des Direktors um, die Kamera zeigt das Direktorzimmer in Einzelheiten, während der Schauspieler sagt: „Es war ihm immer der Umstand zugute gekommen, anspruchslos zu sein. Er hatte wohl, wie jeder Mensch, in sich selbst oft das Bedürfnis gehabt, seine Existenz zu verbessern, sich aus gewissen, auch ihm beengt vorkommenden Umständen zu be-

freien; aber um den Preis selbst der geringsten Gewalttätigkeit wollte er sich nicht auch nur die leiseste Spur aus sich heraus und irgendwo hinein drängen, in eine Errungenschaft, die ihm, wie er instinktiv fühlte und also glaubte, einfach nicht zustand. Er hatte zeitlebens einen kleinen, ja, von außen gesehen, völlig unbedeutenden, verschwindenden, lächerlichen Raum zur Verfügung gehabt, diesen Raum aber versuchte er immer sorgfältig auszufüllen, und waren es mit der Zeit schließlich auch nur mehr seine einsam da und dort am Himmel hängenden Träume gewesen, mit welchen er Raum und Zeit seiner Person auszufüllen, ja inständig auszuschmücken befähigt war."
Während der Schauspieler diesen Text spricht, wird das Innere des Direktorzimmers gezeigt, auf dem Schreibtisch Familienbilder, Fotografien, die die kleinbürgerliche, stumpfsinnige Atmosphäre wiedergeben, in welcher der Direktor zu Hause ist, an den Wänden Gegenstände, die diese stumpfsinnig-kleinbürgerliche Abstammung und Gegenwart und Atmosphäre bestätigen. Hat der Schauspieler den Text zu Ende gesprochen, ist die Kamera wieder auf dem Kulterer, der noch immer in der

selben Haltung vor dem Direktor steht wie vorher, an die Schenkel angelegte Handflächen, haftmäßig vorschriftsmäßig. Die Kamera ist auf dem Gesicht des Kulterer, wenn der Direktor sagt: nana, das war schon eine ganz besondere Vergünstigung, die Sie da genossen haben. Einem Häftling die Schreiberlaubnis erteilen. Vor dem Wort ‚Schreiberlaubnis' ist die Kamera auf dem Direktorsgesicht und hat der Direktor das Wort ‚erteilen' gesprochen, ist das Bild einen Augenblick vollkommen starr in der Stellung, in welcher der Direktor das Wort ‚erteilen' zu Ende gesprochen hat. In dieses starre Bild hinein sagt der Schauspieler: „Oft war es nur der Wunsch, es soll von einem Haus handeln, der ihn aufstehen und sich hinsetzen ließ, oft auch nicht einmal ein solcher Gedanke gewesen, sondern nur ein einziges Wort, das Wort ‚Rübe' zum Beispiel, das Wort ‚Altar', das Wort ‚Huf'. Alle Wörter hatten für ihn die gleiche Bedeutung, etliche aber versenkten ihn von allem Anfang an tief in eine geheimnisvolle Finsternis, in das Paradies einer Grundfarbe und in Zahlen und Ziffern, in Voraussetzung für Geschriebenes." Während dieses ganzen Textes, den der Schauspieler spricht, das unbewegliche Bild mit dem erstarrten Mund des Direktors. Ist der Schauspieler fertig, fängt der Direktor wieder zu sprechen an, er sagt: was haben Sie denn da die ganze Zeit geschrieben? Der Kulterer: ach, es ist nicht der Rede wert, die Kamera ist auf dem Kulterer, wenn dieser den Satz ‚ach, es ist nicht der Rede wert', spricht. Geschichten wahrscheinlich, sagt der Direktor, während die Kamera den Kulterer zeigt, jaja Geschichten, sagt der Kulterer, während die Kamera den Direktor zeigt. Sie wissen ja, sagt der Direktor, Kamera auf die Direktorzimmerwände, während des Folgenden, vom Direktor Gesprochenen, Sie wissen ja, daß Ihnen von Ihrer Arbeitszeitvergütung die Haftkosten abgezogen werden, das wissen Sie ja. Jaja, ich weiß, antwortet der Kulterer, die Kamera läßt sich nicht stören im Zeigen des Interieurs des Direktorzimmers. Ganz laut der Direktor: der Staat verlangt auch von Ihnen Lohnsteuer! Dann: wollen Sie das Geld gleich haben, oder soll es Ihnen nachgeschickt werden? Wo sind Sie denn zu Hause? Gehn Sie jetzt wieder zu Ihrer Frau? fragt der Direktor. Jaja, sagt der

Kulterer. Naja, sagt der Direktor, Sie haben sicher schon unser Firmenadressenmaterial bekommen. Kamera auf den Kulterer. Es wird sich schon ein Posten für Sie finden. Versuchen Sie es doch in einer Druckerei, da haben Sie doch wirklich Chancen! Kamera auf das Direktorsgesicht: es ist erstaunlich, wieviel manche Leute bei uns lernen! Es ist wirklich erstaunlich. Ein solcher Mann wie Sie fehlt uns in unserer Druckerei. Kamera auf den Kulterer, der Direktor sagt: also, wenn Sie entlassen sind, Sie sind ja noch nicht entlassen, witzelt er, bekommen Sie Ihr Geld. Naja, sagt der Direktor, Kamera auf ihn, und gibt dem Kulterer ein großes graues Kuvert. Der Kulterer nimmt das Kuvert an sich, dazu muß er an den Schreibtisch des Direktors heran, er hat gezögert, ist dann rasch drei, vier Schritte vorgegangen, hat das Kuvert mit einer raschen, eckigen Bewegung genommen, tritt wieder zurück, legt die Handflächen wieder an die Oberschenkel an, was ihm mit dem Kuvert schwerfällt, die Kamera zeigt das von der Seite, auch das Folgende. Wie der Direktor sagt: dieses Kuvert übergeben Sie Ihrem zuständigen Polizeikommissariat. Alles Weitere läuft dann von selbst. Daß Sie sich jede Woche auf dem Kommissariat zu melden haben, wissen Sie ja. Jaja, ich weiß, sagt der Kulterer. Der Direktor streckt die Hand nach ihm aus, der Kulterer macht ein paar Schritte auf die Hand hin und gibt die seinige dem Direktor, während der Aufseher stehenbleibt. Kamera an die Direktorzimmerwände von rechts nach links, während der Schauspieler sagt: „Er wäre zu Dank verpflichtet, sagt der Kulterer, er sage das nicht, weil es Vorschrift sei, das zu sagen, sondern aus einem wirklichen, ehrlichen Gefühl heraus. Zu großem Dank verpflichtet, sagt er. Er schämte sich, keine besseren Worte gefunden zu haben. Er hatte sich einen guten Abschiedssatz für den Direktor vorbereitet gehabt, in dem Augenblick aber, in welchem er ihn hätte sprechen sollen, war dieser Satz in ihm unauffindbar gewesen. Schon gut, sagt der Direktor und entläßt den Kulterer." Während der Schauspieler diesen letzten Satz spricht, zeigt die Kamera, wie der Direktor „schon gut" sagt und den Kulterer entläßt. Kamera auf das Gangende, von wo der Kulterer mit dem Kuvert kommt, hinter ihm der Aufseher, während die beiden im finsteren Gang auf die Kamera zukommen, sagt der Schauspieler: „Auf dem Gang hat der Kulterer das Gefühl, daß ihm der Aufseher, der hinter ihm geht, gut gesinnt sei. Seltsamerweise hatte er sich nie vor dem Aufseher gefürchtet, zum Unterschied von den Mithäftlingen, die eine panische Angst davor hatten, dem Mann in der Finsternis der Gänge ausgeliefert zu sein." Hast di bedankt? fragt der Aufseher den Kulterer, wie er ihn mit dem Knüppel um die Ecke lenkt. Jaja, sagt der Kulterer. Die Kamera zeigt jetzt den Flußbettdamm im hellen Licht des Vormittags. Die patrouillierenden Wachmänner an der Strafanstaltsmauer. Der Bäckergeselle fährt auf dem Fahrrad mit dem Semmelkorb an den patrouillierenden Wachmännern vorbei, biegt auf den Kirchenplatz ein. Kamera auf dem Kinderspielplatz, ballspielende, über eine Eisenrutsche rutschende Kinder. Der schwarzgekleidete Bub radelt auf dem Flußbettdamm und schaut auf die Strafanstalt herüber. Kamera in die Kultererzelle, der Kulterer sitzt am Tisch, hat den Kopf in den auf der Tischplatte liegenden Händen. Er sieht, was hinter ihm gezeigt wird: Häftlinge in Küchenschürzen mit Bewachern in der Küche, auf den Gängen, im Hof, auf dem Kirchenplatz. Ein Wachmann schaut in einen großen Suppentopf hinein, einer hebt die Gummiwurst gegen einen Häftling, Häftlinge, die sich die Schuhe ausziehen, die sich waschen, die sich die Decke über den Kopf ziehen auf ihren Pritschen, durch das Zellenfenster fällt ein Papierpack, der Kulterer sieht sich mit seinem in den Händen liegenden Kopf aufspringen und den Papierpack aufheben, er sieht sich, während er am Tisch sitzt, an den Tisch setzen, das Papier auswickeln, glattstreifen, er spitzt sich den Bleistift unter Aufsicht des Aufsehers und fängt zu schreiben an, er schreibt, während der Schauspieler sagt: „Wie weit erschloß sich hier das sonst von Mühsal und Instinktlosigkeit gemein Erdrosselte. Wie zaghaft konnte er hier, in der Abgeschiedenheit der ebenen Finsterlandschaft, die völlig ohne naturfremde Geräusche war, denken. Wie hier alles zusammen vertrauensvoll fühlen. Wie etwas wahr sagen, was sonst nur als Lüge gilt! Er dachte: ich kann hier etwas vorbringen, das in der Außenwelt menschenunwürdig ist! Und mit welcher tollkühnen

Verschwiegenheit! Es ist ein Verhältnis zum Licht und zur Finsternis hier, das nur hier Wahrheit beanspruchen kann. Gehe ich fort, ist es tot.“ Während dieses Textes zeigt ihn die Kamera mit dem Kopf in den Händen am Tisch, gleichzeitig dahinter, schreibend am Tisch. Der Schauspieler sagt: „Und er hätte, wäre er nicht der verschlossene Mensch gewesen, eben der schweigsamste aller Häftlinge, fortwährend vor sich hinsagen können, deutlich genug, um sich selbst und alles zutiefst zu verletzen: ich gehe fort und töte mich, ich gehe hinaus und töte mich. Aber es ist sinnlos, sagte er sich.“ Schon bei den vom Schauspieler gesprochenen Wörtern ‚alles zutiefst zu verletzen‘, sieht man den Kulterer Abschied nehmen von den Gebäuden. Er tritt in die Küche ein, aber er geht zu keinem der dort arbeitenden Häftlinge, geht an jedem vorbei, schaut jeden an, aber gibt ihm nicht die Hand. Er geht in die Schneiderei. Die dort beschäftigten Häftlinge kennen ihn alle, wie ihn überhaupt alle kennen. Sie halten in ihrer Arbeit nicht inne, die Kamera zeigt den Kulterer in die Schneiderei hineingehend, ist er bis zur Mitte der Schneiderei gegangen, zeigt sie ihn hinausgehend, also von hinten, so in der Wäscherei, so in der Schusterei. In der Schusterei bleibt er in der Mitte stehen und gibt einem der dort Arbeitenden die Hand. Jetzt ist der Kulterer schon die ganze Zeit ohne Aufseher, als ob er schon entlassen wäre. Die Einrichtungen in den Werkstätten sind die primitivsten, ohne die geringste Modernität, zum Beispiel nähen in der Schneiderei die Häftlinge mit der Hand, und nur eine einzige große Nähmaschine steht dort, so in der Schusterei, so in der Wäscherei, wo ein großer Waschkessel dampft, aus welchem Wäsche herausgenommen und in einen mit kaltem Wasser gefüllten Bottich geworfen wird, die Szene erinnert, wie die andern Szenen in den Werkstätten auch, an die Schauplätze von Dickens. Die Kamera zeigt den Kulterer im Hof, ganz allein geht er um den ganzen Hof, die Kamera zeigt nur kurze Ausschnitte davon, wie er zweimal oder dreimal kurz zum Wachtturm hinaufschaut und gleichzeitig die Wachmänner vom Wachtturm auf ihn herunterschauen. Oben auf dem Wachtturm erkennt der Kulterer den Aufseher mit dem Gummiknüppel. Der Schauspieler sagt in diesem Augenblick: „Sie nennen den Aufseher die Gummiwurst, weil er oft den Knüppel benützt, um sich Gehör zu verschaffen, Rechtmäßigkeit.“ Der Aufseher tritt jetzt auf den Hof, auf welchem der Kulterer steht, und der Schauspieler sagt: „Er liebt es, in angespannten Hosen zu patrouillieren, er ist groß und breit und schlägt blitzartig zu.“ Der Kulterer steht in der äußeren Hofecke unterhalb des Wachtturms, der besetzt ist, und schaut zu Boden, als suche er etwas auf dem Boden. Der Schauspieler sagt: „Auflehnung führt unweigerlich in doppelten Schmerz.“ Über die Mauer herüber hört man aus dem Ort Blasmusik, als fände ein Begräbnis statt. Gleichmäßig ist die Musik, dazu macht der Kulterer ein paar Schritte auf seinem Hofweg. Plötzliches Aufschreien hinter einem Zellenfenster, der Kulterer schaut zu dem Fenster hinauf, aus welchem der Aufschrei gekommen ist. Die Kamera zeigt die Portierwache, in welcher drei Wachmänner sitzen und eine Schreibarbeit machen, als plötzlich der Arrestantenwagen kommt und zwei Polizisten, Wachmänner, herausspringen, sie öffnen die Tür des Arrestantenwagens, und heraussteigen zwei Neulinge, jeder ein Wäschepaket unter dem Arm. Während der Kulterer im Garten geht, zeigt die Kamera ihn am Tisch in der Zelle sitzend und seinen Mithäftlingen eine Geschichte vorlesend. Man hört ihn aber nicht, während der Schauspieler sagt: „Hunderte von Geschichten hat er in der Strafanstalt geschrieben. Die Mithäftlinge wunderten sich, wie viele, und immer in der Nacht, während sie schliefen. Er habe sich im Laufe der Zeit daran gewöhnt, in der Finsternis zu schreiben. ‚Die Katze' zum Beispiel, ‚Das Trockendock', ‚Die Schwimmvögel' zum Beispiel. Warum sie nicht schon früher auf die Idee gekommen seien, sich die Geschichten von ihm vorlesen zu lassen, fragt er sie", sagt der Schauspieler. Während er jetzt durch den Garten gehend gezeigt wird, sieht man auch die Häftlinge auf ihren Pritschen die Geschichten des Kulterer lesen, jeder für sich liest irgendeine Geschichte. Der Schauspieler sagt: „Der Kulterer freute sich, daß sie sich jetzt für seine Geschichten interessierten, wo sie doch niemals dafür auch nur das geringste Interesse gezeigt hatten, im Gegenteil." Die Kamera zeigt, während der Kulterer durch den

Garten geht, erst verschwommen, dann deutlicher, den Kulterer am Tisch sitzend, schreibend, während die Mithäftlinge schlafen. Er steht vom Tisch auf und geht zu seiner Pritsche und streift die Bettdecke gerade, geht wieder an den Tisch zurück. Einer der Mithäftlinge beobachtet ihn jetzt, der Kulterer blättert langsam, vorgebeugt in einer Mappe, in dieser Mappe hat er eigene Geschichten. Er liest für sich den Titel „Die Katze“, der Titel wird gezeigt, dann blättert er um und liest „Das Trockendock“, auch dieser Titel wird gezeigt, dann, nachdem er wieder umgeblättert hat, „Die Verwalterin der Gutshofbesitzerin“, dann, nach dem Umblättern, „Der Herr Aufseher“. „Das Totenbett“, dann „Der Herr Direktor“. Macht die Mappe zu, schiebt sie zur Seite und einen Stoß unbeschriebener Blätter vor sich hin. Die Kamera zeigt, wie er das Wort EINSAMKEIT auf das erste Blatt schreibt. Er denkt nach, schaut sich in der Zelle um, in welcher alle schlafen oder so tun, als schliefen sie, und beginnt zu schreiben. Kurz darauf hört man auf dem Gang die Schritte des Aufsehers, und der Kulterer springt auf und räumt alles auf dem Tisch weg und legt sich auf die Pritsche, die Aufseherschritte werden leiser, verstummen. Diese Bilder werden gezeigt, während der Kulterer im Garten gehend gezeigt wird, übereinander. Jetzt verschwinden die Zellenbilder, der Kulterer geht im Garten, die Kamera zeigt den stehengebliebenen, im ganzen Hof sich umschauenden Kulterer. Plötzliches Schrillen der Glocken, genauso plötzliche Stille. Kamera vom Dach der Strafanstalt hinunter auf die Mitte des Weges an der flußbettseitigen Außenmauer auf die beiden Wachmänner, die sich im Wachschritt voneinander entfernen. Ungefähr in der Mitte, draußen auf dem Flußbettdamm, der schwarzgekleidete Bub, der plötzlich in die Knie geht und in die Zugbegleiterpfeife hineinbläst. Die Wachmänner reagieren nicht darauf. Der Bub erhebt sich und läuft den ganzen Damm entlang nach rechts. Von rechts ein Schwarm Vögel bis über das Wehr und über den ganzen Ort. Kamera auf den Aufseher, der auf dem Gang auf den Kulterer zukommt, nur an den Konturen erkennt man im beinahe völlig finsteren Gang den Aufseher und den Kulterer, der Kulterer steht an dem einen Ende, vom anderen Ende des Ganges kommt der Aufseher auf ihn zu, die Kamera zeigt abwechselnd beide, den Kulterer bewegungslos stehend, den Aufseher, auf ihn zugehend, knüppelschwingend, kurz pfeifend, plötzlich hat der Gang des Aufsehers etwas Beschwingtes, Heiteres, die Schwerfälligkeit, das Militärische, das sein Gang immer hatte, ist auf einmal weg, aber gleich, ein paar Schritte vor dem Kulterer, aber besser noch schon auf halbem Wege zum Kulterer, ist das Beschwingte, Heitere seines Ganges weg, und er geht wie er sonst geht, hat den Knüppel am Schenkel, ist er knapp vor dem Kulterer, wird er vor dem Kulterer noch größer als er schon ist und fragt den Kulterer: hast du dich bedankt? Jaja, sagt der Kulterer. Es wird nicht klar, wofür sich der Kulterer hätte bedanken sollen, aber automatisch sagt der Kulterer jaja, weil er immer jaja zu sagen gehabt hat und weil er immer jaja gesagt hat, der Aufseher erwartet vom Kulterer nichts anderes, als ein jaja, Herr Aufseher, und es ist schon merkwürdig, daß er auf einmal nur jaja, nicht, jaja, Herr Aufseher, sagt, was wohl mit seiner Entlassung zusammenhängt. Die Kamera zeigt

Aufseher und Kulterer von der Seite, ihre Profile; am Ende des Ganges wird aufgewischt, sieht man; Häftlinge mit Wischfetzen und Reibbürsten an langen Stielen sind um die Ecke gekommen. Plötzlich sagt der Kulterer: ich war ungeschickt! Der Aufseher fragt: was heißt das? Der Kulterer gibt keine Antwort, nach einer Pause sagt der Aufseher: zu dumm, und darauf: du hast wohl keine so schlechte Erfahrung mit mir gemacht? Darauf erwartet er eine unbedingte Antwort des Kulterer. Er ist ungeduldig, weil die Antwort nicht gleich kommt. Jaja, ich weiß, sagt der Kulterer. Jetzt wird plötzlich das elektrische Licht eingeschaltet, alles ist hell erleuchtet, die Kamera die Zellentüren entlang und wieder, auf der anderen Seite, zurück. Ein Häftling des Aufwaschtrupps leert einen Kübel mit heißer Lauge aus, ein anderer schrubbt sofort mit einer Bürste den Boden. Der Aufseher hebt den Gummiknüppel bis in die Höhe des Bauches des Kulterer und drückt ihn ein wenig in die Bauchmitte des Kulterer hinein. Als wollte er sagen: du bist ein feiner Kerl, aber er sagt es nicht, er sagt nichts, dreht sich um und geht zu dem Waschtrupp hin: Schweinehunde! Infame Bestien! Das ist ja ein fatales Mißverständnis! Schweinehunde! Während der Aufseher das sagt, stehen die Häftlinge stramm, auf eine Kopfbewegung des Aufsehers hin arbeiten sie wieder weiter, dabei stößt einer den zweiten Laugenkübel um, gerade vor die Füße des Aufsehers, aber der Aufseher übergeht den Zwischenfall, er spielt mit dem Knüppel und verschwindet. Kamera unter dem Zellenfenster auf die Zellentür, die aufgerissen wird, die vier Häftlinge springen auf, der Eßtrupp ist da mit dem Aufseher, der Aufseher sagt zum Kulterer: das Kuvert bekommst du, wenn du weggehst, zurück. Die Essenbringer teilen das Essen aus. Der Aufseher sagt zum Kulterer: Dein Abschiedsessen. Zu den essenausteilenden Häftlingen sagt der Aufseher: das ist keine Begünstigung, Essen austeilen. Er sagt das, weil ihre Art, Essen auszuteilen, ihm zu lässig ist. Los! Los! kommandiert er sie, sie beeilen sich und schöpfen ein lauwarmes Getränk aus einem Zinkkübel, den zwei von den Häftlingen an großen Zinkhenkeln halten. Aus einem Karton verteilen sie Brotschnitten. Jeder Häftling bekommt vier Stück. Der Aufseher sagt zum Kulterer: morgen wird unser Kulterer schon in einem sauberen Bettchen schlafen. Der Kulterer steht da, mit angelegten Händen und sagt automatisch: jaja, Herr Aufseher. Der Schauspieler sagt jetzt, während die Szene stillsteht, starr ist: „Er war überzeugt, daß ihm der Aufseher keine Niederträchtigkeit habe sagen wollen, sondern ihm gut gesinnt ist. Eine Niedertracht gegen mich kommt nicht in Frage, denkt er." Das Bild ist wie eine Fotografie, während der Schauspieler weiter sagt: „Er war immer korrekt gewesen, immer tadellos, niemals auch nur andeutungsweise duckmäuserisch, wie man jetzt vielleicht meinen könnte. Im Gegenteil! Er durfte sich freilich nicht selbst solches Lob aussprechen, aber er hatte das Gefühl, daß der Aufseher immer mit ihm zufrieden gewesen war." Die Kamera zeigt jetzt wieder den finsteren Gang, durch welchen der Aufseher geht, zwei, drei Sekunden, dann wird hinter ihm aus einer Zelle das Wort Gummiwurst gerufen, worauf sich der Aufseher blitzartig umdreht und in die Zelle, aus welcher das Wort ‚Gummiwurst' geschrien worden ist, hineinstürzt. Schreien aus dieser Zelle. Kamera auf den Kulterer im Hof, neben ihm, wie man gleich sieht, der Aufseher. Der Aufseher sagt: damit du deine Schriften zusammenbinden kannst, bringe ich dir einen Strick. Aufseher ab. Der Kulterer hebt langsam den Kopf in das Sonnenlicht hinauf. Kultererzelle. Die drei Mithäftlinge am Tisch schauen zu einem schweigenden Kulterer, der am Fenster steht, hinausschaut, dann sich umdreht und auf sie schaut. Bild starr, wie eine Fotografie, der Schauspieler sagt: „Die Mithäftlinge waren der Meinung, dieser Tag wäre für ihn ein Freudentag; sie konnten nicht wissen und nicht begreifen, daß gerade dieser Tag, der furchtbarste im Leben des Kulterer war." Das Bild ist wieder in Bewegung, vom Tisch weg, an dem sie sitzen, sagt der älteste Häftling zum Kulterer: warum erzählst du uns denn nichts? Erzähl uns was, bevor du abhaust. Das Bild ist wieder zur Fotografie erstarrt, der Schauspieler sagt: „Jetzt, wo es sich nur mehr um Stunden handle, schlösse er sich auf einmal von ihnen ab. Warum? Sie hätten ja nichts gegen ihn, nie etwas gegen ihn gehabt." Der Film läuft wieder, der älteste Häftling sagt vom Tisch weg zum Kulterer: laß uns doch ein paar von deinen Geschichten da! Der zweitälteste steht auf und geht zu seiner Pritsche. Laß uns ein paar da!, sagt der älteste, der Kulterer dreht sich um und schaut durchs Fenster hinaus. Das Bild ist Fotografie, während der Schauspieler sagt: „Es hatte, was sie sagten, für ihn den Anschein, als hätten sie eine gute Verabschiedung seiner Person, die sie im Grunde weghaben wollten, untereinander abgesprochen." Der Film läuft. Sie rollen sich auf ihren Pritschen zusammen. Kamera zeigt den Kulterer im Büro des Sekretärs der Strafanstalt, der Sekretär ist groß, mager, einarmig, wahrscheinlich hat er seinen Arm im Krieg verloren. Der Kulterer gibt ihm das Kuvert, der Sekretär macht es auf, entfaltet das große Papier, das er herausgezogen hat und stempelt es ab und gibt es dem Kulterer zurück. Der Kulterer macht eine Verbeugung. Der Sekretär zündet sich eine Zigarette an, lehnt sich in seinem Sessel zurück, zieht eine Schreibtischlade heraus, läßt die Lade heraußen und bedeutet dem Kulterer mit der Hand, er solle gehen. Der Kulterer macht wieder eine Verbeugung und verläßt das Sekretärszimmer, er blickt sich nach dem Aufseher um, der ihn die ganze Haftzeit immer begleitet hat, aber jetzt ist der Aufseher nicht mehr da, von der Abwesenheit des Aufsehers ist der Kulterer irritiert, davon, daß er auf einmal allein, ohne Aufseher, sich in den Gängen und auf den Plätzen und in den Werkstätten der Strafanstalt bewegen kann, als ob der Aufseher aber an seiner Seite wäre, um ihn zu bewachen, verläßt der Kulterer das Sekretärszimmer. Die Kamera zeigt ihn den Gang entlanggehen, in die Druckerei hinein, zuerst vom Gang aus, dann vom Ende der Druckerei aus, in dem Augenblick, in welchem der Kulterer in die Druckerei eintritt, laut die Druckmaschinen, die Häftlinge an den Druckmaschinen schauen auf den Kulterer, sofort sind die Wachmänner, die am Ende der Druckerei gesessen sind, aufgesprungen, setzen sich aber wieder, als sie sehen, daß der in die Druckerei Eingetretene der Kulterer ist, die Kamera zeigt den Kulterer, wie er sich von den einzelnen Häftlingen in der Druckerei verabschiedet, Händeschütteln, alles ganz kurz, er sagt etwas, aber man versteht nicht, was er sagt, weil die Druckmaschinen so laut sind, daß man außer den Druckmaschinen nichts hören kann, während er einem der Häftlinge die Hand schüttelt, das Bild plötzlich starr, Fotografie, dazu sagt der Schauspieler: „Ob Sie es glauben oder nicht, es fiele ihm schwer, fortzugehen. Er würde am liebsten bleiben. Es sei ihm ‚unvorstellbar'. Aber man kann nicht länger bleiben, als man gezwungen ist, sagt er. Selbst wenn man ein Gesuch an die Justiz richten würde, müßte ein solches Gesuch abgelehnt werden, sagt er." Der Film läuft wieder, in diesem Augenblick lachen die Häftlinge an den Druckmaschinen auf, ihr Lachen ist so laut, daß man es selbst über dem Lärm der Druckmaschinen hört. Wieder ist das Bild in der Druckerei eine Fotografie, dazu der Schauspieler: „Er würde ihnen ein Geschenk machen, sagt der Kulterer, damit sie sich an ihn erinnern. Er wisse natürlich nicht, ob sie auch nur die geringste Freude an dem, was er ihnen zu schenken beschlossen habe, hätten, aber es könnte ihnen von Nutzen sein. Ich habe jedem von euch etwas aufgeschrieben, sagt er. Für jeden von euch einen Aphorismus." Jetzt läuft der Film, der Kulterer zieht aus seinem Rock Papiere heraus, die er an die einzelnen verteilt, die Kamera zeigt aber nur zwei, drei, die von ihm beteilt werden. Kamera in der Kultererzelle, in welcher alle Häftlinge sind. Der Kulterer gibt jedem einen Zettel, den sie sogleich lesen, dieses Lesen macht sie augenblicklich nachdenklich. Der Schauspieler sagt: „Auch für seine Zellengenossen hat er Aphorismen geschrieben, jedem einzelnen seinen eigenen Aphorismus." Der Kulterer legt seine Toilettesachen zusammen. Die Zelle wird aufgesperrt, und der Aufseher wirft einen Strick herein, mit welchem der Kulterer seine Schriften zusammenbinden kann, die Kamera zeigt das, oder zeigt es nicht, sie zeigt aber, wie die Mithäftlinge dem Kulterer helfen, seine Sachen zusammenzupacken, sie legen alles auf den Tisch und rollen es in ein Tuch ein, von welchem man nicht weiß, ob es ein Handtuch oder ein Fußfetzen ist. Der Älteste bindet das Papierpaket mit den Schriften Kulterers zusammen, fest zusammen, und hebt es einmal am Tisch kurz auf, sagt: schau, so fest, zum Kulterer und legt es auf den Tisch. Der Kulterer hebt das Paket probeweise auf, die andern lachen dazu. Der Schauspieler sagt jetzt: „Er fühlte eine große Unsinnigkeit, denn möglicherweise hat das probeweise Aufheben des Pakets einen komischen Eindruck auf sie gemacht." Was machst mit de Gschichtn?, fragt der älteste seiner Mithäftlinge. Vakafs! De Zeitungen reißns da aus da Hand! Aba obs deine Gschichtn druckn is a Frag. Jaja, sagt der Kulterer. Der Schauspieler sagt: „Es tut ihnen leid, von jetzt an auf ihn verzichten zu müssen." Die Kamera zeigt jetzt wieder den Hof, dann die Zellenfenster im Hof, dann die Zellenfenster an der Flußbettseite, auf der Kirchenplatzseite, den Kirchenplatz, über den zwei Nonnen gehen, ein Bäckerbub läuft über den Kirchenplatz, der Fleischerwagen fährt vorbei, auf dem Flußbettdamm marschiert eine Kompanie Soldaten, ein Lied singend, auf dem Bahnhof fährt ein Zug ab, die Kamera zeigt zuerst den Zug von der Strafanstalt aus, dann die Strafanstalt vom Zug aus, eine Holzarbeitergruppe mit Hacken und Sägen verläßt das Strafanstaltsgelände, ein Wagen mit Häftlingen, die in einer nahen Gärtnerei beschäftigt sind, fährt vor dem Kirchenplatz vorbei. Der Kulterer tritt in die Kirche ein, steigt hinauf auf die Empore, wo der orgelspielende Häftling mit seinem Bewacher etwas von Bruckner improvisiert. Der Kulterer stellt sich neben den Orgelspielenden, was der Bewacher zuerst, wie man aus seinem kurzen Aufstehen in der Bank entnehmen kann, nicht erlauben will, dann aber doch gestattet, der Kulterer hört dem Orgelspiel zu, jetzt sieht man ihn in die Wäscherei hineinschauen, aber nicht hineingehen, er schaut das Arbeitsgerät an, das im Hof an den Wänden hängt, die Barockengel am Treppenaufgang, dann wieder Gabeln und Sensen, Sicheln, er sitzt auf der Treppe und beobachtet durch das offene Tor gegen den Ort, an der Portierwache vorbei, den schwarzgekleideten Buben, der in die Zugbegleiterpfeife bläst, aber man hört nichts, der Kulterer sieht den schwarzgekleideten Buben davonlaufen, zwei Nonnen kommen durch das Tor, in welchem gerade der schwarzgekleidete Bub gewesen ist, herein und gehen auf den Kulterer zu, an ihm vorbei in die Kirche, aus welcher man das Orgelspiel hört. Während der Kulterer zum Tor hinausschaut, sagt der Schauspieler: „Aber es ist noch keinem gelungen zu fliehen, dachte er." Kamera auf die Portierwache. Kultererzelle. Die Kamera zeigt jetzt Einzelheiten der Zelle, von rechts nach links langsam, Klosett, Waschbecken, plötzlich werden alle Details, die bis jetzt nur undeutlich zu sehen gewesen waren, klar, die Zelle ist leer, alle Häftlinge weg. Während die Kamera von rechts nach links die Wände der Zelle zeigt, sagt der Schauspieler: „Es gab kaum eine Nacht und in den letzten anderthalb Jahren überhaupt keine einzige mehr, in welcher er nicht von einem Einfall oder auch nur von einem Gedanken, von einem Hinweis auf einen Gedanken, aufgeweckt worden wäre." Die Kamera zeigt auch den Boden der Zelle, Schaben, andere Käfer etcetera. Der Schauspieler sagt, während noch immer die vollkommen leere Zelle gezeigt wird: „Seine Gespräche fing er meistens mit Jaja, ich weiß, an, und er sagte zum Beispiel, Jaja, ich weiß, es ist schwer, oder, jaja, ich weiß, Herr Aufseher. Aber eigentlich redete er nie, wenn er nicht gefragt wurde." Die Kamera zeigt die leeren Gänge, dann die vollkommen leere Druckerei, die vollkommen leere Wäscherei, die vollkommen leere Schusterei, den leeren Hof, alles ist leer, die Kirche ist leer, der Platz vor der Kirche etcetera. Kamera auf den Flußbettdamm, der vollkommen leer ist. Zurück auf die Strafanstalt. Die zwei Wachmänner stehen jeder am Ende des Wachweges, der eine am linken, der andere am rechten Ende unbeweglich. Der schwarzgekleidete Bub hockt unbeweglich mitten auf dem Kirchenplatz. Während dieser Einstellung sagt der Schauspieler: „Auf das Rechnen mit Gedanken, vergleichbar der Addition und der Subtraktion, war er eigentlich zuerst im Gefängnis gekommen." Die Kamera zeigt den Kulterer jetzt in der Küche sitzend, wie er Suppe aus einem Teller löffelt. Dann steht er auf, dann geht er durch die Druckerei, dann geht er durch die Schusterei, er tritt aus der Kirche heraus, er steht auf aus dem Sessel beim Strafanstaltssekretär, es wird ihm in einer Kanzlei ein Geldbetrag hingeblättert, den er abzuzählen versucht, aber er ist unfähig dazu. Jaja, sagt der Kulterer und geht mit den Geldscheinen hinaus. Tisch in der Zelle, der vollkommen leere Tisch, zu dieser Einstellung sagt der Schauspieler: „Die Erfindung des Gedankens im Menschen erschien ihm als das kostbarste Geschenk, das es gibt. Die Welt war ihm da, von diesem entscheidenden Augenblick an, eine von Konzentration und genau abgegrenztem Bewußtsein einfach durchforschbare, reinigende." Die Kamera zeigt jetzt, während der Kulterer am Tisch sitzend gezeigt wird, er hat den Kopf in den Händen auf dem Tisch, die Beine unter dem Tisch ausgestreckt, er ist allein in der Zelle, vor ihm auf dem Tisch hat er seine Habseligkeiten, wie er in die Strafanstalt kommt, den Augenblick seiner Einlieferung, man sieht, wie er aus dem Arrestantenwagen gestoßen wird, am Portier vorbei, hinein in die Gänge, die Gänge entlang, der Aufseher erscheint vor ihm, der Aufseher stößt ihn in die Zelle hinein, in welcher seine Mithäftlinge auf den Pritschen liegen, zu diesen Bildern sagt der Schauspieler: „Erst von da an hatte es für ihn einen Boden unter den Füßen gegeben, einen Himmel über der Erde, eine Hölle, die Umdrehung einer Weltachse ohne Beispiel." Während der Schauspieler: ‚die Umdrehung einer Weltachse ohne Beispiel' sagt, zeigt die Kamera hinter dem am Tisch sitzenden Kulterer, Holzarbeitertrupps, Wäschetrupps, alles durcheinander, als erlebte der Kulterer jetzt am Tisch sitzend den Alptraum einer Ankunft in der Strafanstalt noch einmal. Wie der Aufseher einem Häftling mit dem Knüppel über den Kopf schlägt, wie der Direktor grinst, wie der Sekretär über den Hof geht, wie mehrere Häftlinge zusammenstehen, als bildeten sie ein Komplott, auf ihren Pritschen onanierende Häftlinge, laut auflachende. Der Schauspieler sagt zu diesen letzten beiden Einstellungen: „Auf Vermutungen hinter Wahrnehmungen waren plötzlich Ansätze eigener Zielsetzung gefolgt." Den Kulterer zeigt die Kamera, wie er einen langen Gang entlangläuft, plötzlich bleibt das Bild stehen, in der Laufbewegung vollkommener Stillstand des Bildes, wieder wie eine Fotografie, dazu sagt der Schauspieler: „Anarchie schaltete sich, wie er dachte, von selbst, links und rechts des Weges, aus." Das Bild wieder in Bewegung, der Film läuft mit unglaublicher Schnelligkeit plötzlich ab, alle vorher gezeigten Bilder, von leerer Druckerei, leerer Schusterei an, laufen auf einmal so, daß man sie kaum mehr erkennen kann, hinter dem am Tisch sitzenden Kulterer ab. Ist die höchste Geschwindigkeit des Bildablaufs erreicht, so, daß überhaupt kein einzelnes Bild mehr als solches erkennbar ist, ein kurzer Aufschrei des Kulterer, als ob er aus einem bösen Traum erwachte. Er hebt den Kopf, den ganzen Oberkörper, steht benommen vom Tisch auf, erkennt auf einmal wieder seine Situation. Er blickt sich in der Zelle um. Niemand ist da. Die Zelle ist vollkommen leer, auf dem Boden entdeckt der Kulterer die Schaben und anderen Käfer, die die Kamera schon vorher einmal gezeigt hat. Der Schauspieler sagt jetzt: „In den letzten Tagen vor seiner Entlassung, die sich qualvoll auf sein Herz und auf seinen Verstand gelegt hat, ohne ihn aber erdrücken zu können, und die auf seinem Gesicht ihren menschenunwürdigen Ausdruck gefunden hat, hatte er den Kontakt mit den Mithäftlingen oft auf rührende Weise, wie er sich gewünscht hatte, ein für allemal und für immer zu festigen versucht." Der Kulterer steigt auf die Bank unter dem Zellenfenster und schaut hinaus, die Kamera zeigt, was der Kulterer durch das Zellenfenster schauend sieht, den vollkommen leeren Flußbettdamm, auf welchem der schwarzgekleidete Bub hockt, plötzlich aufspringt und in die Zugbegleiterpfeife bläst, das Pfeifen ist so schrill, daß sich der Kulterer die Ohren zuhält, aber es ist klar, daß außer dem Kulterer niemand sonst dieses Pfeifen gehört hat. Der Kulterer steigt von der Bank herunter und geht zum Tisch und nimmt aus dem Packen seiner Habseligkeiten eine Taschenuhr heraus, er poliert die Uhr an seinem Rockärmel und steckt sie wieder in den Pack, vorher hat er die Uhr an sein Ohr gehalten, prüfend, ob die Uhr auch geht. Der Kulterer schaut, steif dastehend, auf seine Fußspitzen, als ob er befriedigt wäre darüber, daß er noch Anstaltsschuhe, daß er überhaupt noch Anstaltskleidung anhat. Der Schauspieler sagt bei dieser Einstellung: „Alle Handlungen seinerseits waren von dem Wort Abschied veranlaßt." Der Aufseher sperrt die Zelle auf, tritt mit einer Schnapsflasche ein, die er auf den Tisch stellt. Sie sollten, zur Verabschiedung Kulterers, alle aus dieser Schnapsflasche trinken. Alle setzen sich an den Tisch und trinken, machen einen kurzen, ruckartigen Schluck. Nachdem sie alle getrunken haben, nimmt ihnen der Aufseher die Flasche weg, er steckt sie in die Innentasche seines Rocks. Den Gummiknüppel hat er auf dem Tisch liegen. Plötzlich steht er auf und sagt: ich muß noch zum Direktor, eine Formalität, sagt er, geht hinaus, sperrt die Zelle ab. Man hört seine Schritte leiser werden, plötzlich wieder lauter, er sperrt die Zelle wieder auf, tritt ein und wirft dem Kulterer einen Kleiderpinkel auf den Tisch. Los, zieh dich aus! herrscht er den Kulterer an. Er geht aus der Zelle hinaus, sperrt sie ab, der Kulterer setzt sich an den Tisch, umarmt den Zivilkleiderpinkel. Die Mithäftlinge auf ihren Pritschen beobachten ihn. Los! Zieh dich aus! macht einer von ihnen den Aufseher nach, wiederholt im Dialekt: ziag di aus, los! Der Kulterer duckt sich und zieht die Anstaltskleider aus. Während er sich der Anstaltskleider entledigt, sagt der Schauspieler: „Jetzt geben seine Mithäftlinge ihm fortwährend Ratschläge, was er nach seiner Entlassung zu tun habe, Verhaltungsmaßregeln, die er aber, weil seine Mithäftlinge wie irr durcheinander redeten, nicht verstehen konnte." Während der Schauspieler diesen Satz spricht, Gestikulieren der Mithäftlinge auf ihren Pritschen, zwei springen auf, gehen zum Kulterer hin, bedeuten ihm etwas, legen sich wieder auf die Pritschen etcetera. Die Kamera zeigt den völlig nackten Kulterer unter dem Zellenfenster stehen, zu dieser Einstellung sagt der Schauspieler: „Er fühlte eine plötzliche entsetzliche Verlassenheit, die ihm, weil sie von allen Seiten furchtbar angestarrt war, unerträglich wurde.“ Der älteste Mithäftling sagt: du verkühlst di! Und nach einer Pause sagt der zweite: der hat a Haut wie a Kind! Als ob ihn friere, steht der Kulterer unter dem Zellenfenster. Von draußen herein das schrille Pfeifen der Zugbegleiterpfeife, in welche wahrscheinlich der schwarzgekleidete Bub geblasen hat, dann noch einmal das schrille Pfeifen, darauf springt der älteste Mithäftling auf und wirft dem Kulterer Unterhose, Hemd, Hose an den Bauch, der fängt seine Kleidungsstücke ängstlich auf. Die Schuhe werden ihm vom ältesten Mithäftling vor die Füße geworfen. Ziag di a! ruft der älteste Mithäftling, als er sich auf seine Pritsche geworfen hat. Der Kulterer zieht plötzlich alles rasch an. Es ekelt ihn vor dem fremden Geruch, den seine eigenen Kleidungsstücke ausströmen. Er zittert am ganzen Körper, wie wenn er geschlagen worden wäre. Wieder das schrille Pfeifen der Zugbegleiterpfeife, noch einmal. Sauf di a, wannst auße kummst! sagt der älteste Mithäftling zum Kulterer. Der zweite sagt: wia hams di eigentlich dawischt? So? Der das gesagt hat, macht mit den Händen eine Bewegung, als wollte er einen Hasen von hinten fangen. Jaja, sagt der Kulterer. Hams di gschlagn? fragt der dritte der Mithäftlinge. Und du hast bliat? Aufn Kopf hams di gschlagn, aufn Kopf. Wast eh, de schlagn di aufn Kopf, alle schlagn di aufn Kopf, wast eh. Die kennan da nix. Der Kulterer schüttelt den Kopf. Und dei Frau? fragt der älteste Mithäftling. Wie war de? Wie is de? Was hat de gsagt? Was hatsn da? Waß wanst hamkumst? fragt der zweitälteste Mithäftling. Hast ihr gschriem? Net? Das Net ist langgezogen, weich. Bei dem Wort ‚Net', noch bevor es der zweitälteste Mithäftling zur Gänze ausgesprochen hat, erstarrt das Bild plötzlich zur Fotografie, und der Schauspieler sagt: „Er habe einen guten Zug zu Mittag, sagten sie. Wieviel Geld ihm verblieben sei. Ob ihm überhaupt eins geblieben sei." Der Film läuft wieder: jaja, sagt der Kulterer. Er setzt sich an den Tisch und schreibt sich auf einem Zettel etwas auf. Der Schauspieler sagt: „Er schreibt sich noch rasch ihre Adressen auf und bittet sie, ihn in guter Erinnerung zu behalten." Wie der Schauspieler ‚ihn in guter Erinnerung zu behalten' sagt, sieht man den Kulterer vom

Tisch aufstehen und etwas zu seinen Mithäftlingen sagen, man hört aber nicht, was er sagt, dann hört man wieder den ältesten Mithäftling sagen: waast eh, und während der Kulterer zum Zellenfenster geht und auf die Bank steigt und hinausschaut und die Mithäftlinge ihn dabei beobachten, sagt der Schauspieler: „Sie sagten zu ihm, es sei nicht einfach, hinauszugehen, die Welt sei kalt und verzeihe nicht." In diesem Moment wird die Zellentür aufgerissen, und die Mithäftlinge werden abgeführt. Die Zellentür bleibt offen. Unter dem Zellenfenster stehend, kann der Kulterer jetzt die Druckmaschinen hören, vom Hof herauf, vom Gang herein, von überall hört er jetzt die immer lauter werdenden Druckmaschinen, der Rhythmus der Druckmaschinen wird so laut, daß er bald ohrenbetäubend ist, und der Kulterer hält sich mit beiden Händen die Ohren zu. Er geht zum Tisch und beugt sich über seine noch warmen Anstaltskleider. Dann vergewissert er sich, nichts vergessen zu haben, er sucht die Kleiderhaken ab, die Stellage, schaut unter die Pritschen, mit den Handflächen über die Wände. Plötzlich wieder das schrille Pfeifen der Zugbegleiterpfeife durchs

Zellenfenster herein. Der Kulterer packt sein Schriftenpaket, das auf dem Tisch gelegen war, und geht aus der Zelle hinaus. Die Kamera zeigt einen durch den Gang und durch mehrere Gänge immer rascher gehenden, plötzlich durch alle diese Gänge fliehenden Kulterer, in vielen kurz aufeinanderfolgenden Bildern wird die Flucht Kulterers aus der Strafanstalt hinaus gezeigt, an der Druckerei vorbei, an der Wäscherei vorbei, an der Bäckerei, an der Fleischerei, immer rascher und rascher und über den Hof und über den Kirchenplatz und hinaus, an der Portierwache vorbei in den Ort und durch den Ort, durch die engen, ihm fremden Gassen und an den vielen, ihm fremden Menschen vorbei immer schneller und schneller. Ist er auf dem Flußbettdamm, schaut er noch einmal auf die Strafanstalt zurück, die patrouillierenden Wachmänner sind erkennbar, aus den Kaminen Rauch, der Kulterer steht auf dem Flußbettdamm unbeweglich, da pfeift die Zugbegleiterpfeife schrill, der schwarzgekleidete Bub springt aus einer Wiese auf und läuft davon, und der Kulterer ist erschrocken darüber und geht, so schnell er kann, von der Strafanstalt weg „in die Landschaft hinein, die, hügelig, braun und grau, vor Hoffnungslosigkeit dampft".

Mosčenička Draga, 1973

Der Kulterer

ERZÄHLUNG

Je näher er dem Tag seiner Entlassung aus der Strafanstalt war, desto mehr fürchtete sich der Kulterer, zu seiner Frau zurückzukehren. Er führte ein in sich selbst eingeschlossenes und von seinen Mithäftlingen völlig unbeachtetes Dasein und vertrieb sich die freie Zeit, die in der Strafanstalt oft viel zu lang war, denn sie arbeiteten vorschriftsmäßig nur fünf bis sechs Stunden im Tag an den Druckmaschinen, mit dem Aufschreiben von Einfällen oder, wie er dachte, ‚geringfügigen Gedanken', die ihn beinahe ununterbrochen beschäftigten. Aus Langeweile, und weil er sonst hätte verzweifeln müssen, las er sich oft von ihm selber erdachte und aufgeschriebene kürzere Geschichten und Erzählungen vor, ‚Die Katze' zum Beispiel oder ‚Das Trockendock' oder ‚Die Schwimmvögel', ‚Die Hyäne', ‚Die Verwalterin der Gutshofbesitzerin', ‚Das Totenbett'. Meistens fielen ihm diese Geschichten in der Nacht ein, und er mußte, um sie nicht zu verlieren, in der Finsternis aufstehen und sich, während seine Zellengenossen schliefen, an den Tisch setzen und in eben dieser ‚furchtbaren Finsternis' das, was ihm eingefallen war, notieren. Es kam auch vor, daß er sofort ohne größere Vorbereitung eine ganze Geschichte bis zum Ende niederschreiben konnte, und er war froh darüber, denn seine Geschichten vertrugen es nicht, durch irgendeinen Zwischenfall abgebrochen zu werden; mußte er mitten in einer Geschichte

aufhören, weil einer der drei Mithäftlinge, die mit ihm in der Zelle lebten, auf ihn aufmerksam geworden war und ihn brutal wegzischte vom Tisch, war die Geschichte verloren. Mit der Zeit aber hatte er eine so lautlose Methode entwickelt, von seiner Pritsche aufzustehen und sich an den Tisch zu setzen, daß sie ihn, selbst wenn sie nicht allzu tief schliefen, nicht mehr bemerkten. Es gab kaum eine Nacht und in den letzten anderthalb Jahren überhaupt keine einzige mehr, in welcher er nicht von einem Einfall oder auch nur von einem Gedanken, von einem Hinweis auf einen Gedanken, aufgeweckt worden wäre. Er nannte sein Schreiben ‚Mein Zeitvertreib', und es kam ihm, wie andern die Träume kommen, und es war ihm auch so zerbrechlich wie Träume.
Seine Gespräche fing er meistens mit „Jaja, ich weiß –" an, und er sagte zum Beispiel „Jaja, ich weiß, es ist schwer . . ." oder „Jaja, ich weiß, das kann bös ausgehen . . ." oder „Jaja, ich weiß, Herr Aufseher . . ." Aber eigentlich redete er nie, wenn er nicht gefragt wurde, und er nahm sofort Haltung an, als der Aufseher erschien, zuerst nur angedeutet durch das Geräusch des Knüppels, der durch die Gänge zu poltern schien, dann durch die Stiefelschritte, immer bedeutungsvoller und größer und schließlich großmächtig über den Druckmaschinen. Dem Kulterer, der die aus der Druckmaschine herausfallenden Drucksorten abzuzählen, einzupacken und zuzuschnüren hatte, war der Aufseher sehr gewogen, denn zum Unterschied von den anderen, größtenteils renitenten Mithäftlingen war er ein ruhiger Mensch, der, wie es schien, überhaupt keine Ansprüche stellte und sich strikt an alle Verordnungen

und Befehle hielt und auch in Wahrheit wirklich mit allem zufrieden war, außer mit sich selbst. Und als der Aufseher zu ihm sagte, er solle sich nach Arbeitsschluß bei ihm melden, weil ein Brief und ein Paket für ihn eingelangt seien – „auch ein Brief", wurde ihm angekündigt –, sagte der Kulterer, die Hände an die Schenkel anlegend: „Jaja, ich weiß, Herr Aufseher!" – „Schon gut!" meinte der Aufseher, dem nichts entging und der von allen gefürchtet war, von hoch oben herunter und schaute über den Kopf des Kulterer weg in den großen Druckereisaal hinein, in welchem die Maschinen und die Häftlinge längst verstummt waren, nur ab und zu muckte im Hintergrund, kaum wahrnehmbar, einer der Jüngeren, einer der Neueingewiesenen, auf. Der Kulterer hatte Angst, einer dieser Unvorsichtigen könnte ausfällig werden, und er wünschte, daß das nicht der Fall sei. Eine solche Ausfälligkeit, etwa in dem Wort ‚Schweinerei' gipfelnd, zog immer unmittelbare Strafverschärfung nicht nur für den, der sich einen solchen Ausdruck erlaubt hatte, sondern für die ganze Belegschaft nach sich. Sofort wurde dann die Arbeitszeit um mindestens eine Stunde verlängert, und es gab eine Reihe anderer sogenannter ‚Zwangsverbote'. Es wurden die Rundgänge außerhalb der Strafanstaltsmauern gestrichen und das Licht schon um halb acht ausgedreht anstatt erst um neun Uhr.

„Wer ist zum Latrinendienst eingeteilt?" fragte der Aufseher. Es meldeten sich die drei dafür Bestimmten, darunter zwei von den Neuen. „Wir fangen heute eine Stunde früher an", sagte der Aufseher. Er kontrollierte die Arbeit, ging von einem Mann zum andern, hatte aber an diesem Tage nichts auszusetzen. Sie könnten

weiterarbeiten, meinte er, und die Maschinen, die in dem Augenblick, in welchem der Aufseher hereingekommen war, sofort abgeschaltet worden waren, begannen wieder zu laufen, und das Geratter und Gestampfe, das so gedämpft wie nur möglich alles zum Beben brachte, erfüllte den absichtlich streng verdunkelten, ja in dieser Jahreszeit beinahe finsteren Raum. Zum Kulterer gewandt, meinte der Aufseher, daß dessen Haftzeit nun bald vorbei sei. Er, der Aufseher, habe die Entlassung des Kulterer ‚hartnäckig' befürwortet. Er sagte das deutlich und so laut, daß es alle hörten. Sie reagierten aber nicht darauf, waren in ihre Maschinen vertieft, in das pausenlos fließende Papier, und ein Lachen, das am anderen Ende des Saales aufflackerte, um gleich wieder zu verstummen, hatte wohl eine ganz andere Sache, nicht den Kulterer betroffen. „Jaja, ich weiß, Herr Aufseher", sagte der Kulterer.
Es war das eine großzügig eingerichtete Druckerei, in welcher sie alle möglichen Drucksorten herstellten, ausschließlich für staatliche Zwecke, für die Ministerien. Sämtliche Schulzeugnisformate wurden hier gedruckt. Die Arbeit in der Druckerei, die direkt an das Anstaltsgebäude anschloß, ein absichtlich verfinsterter Neubau, bedeutete für die in ihr Beschäftigten einen Vorzug. Es gab in der Strafanstalt eine Menge primitiver, vielmehr schwer erträglicher Arbeiten. Es war nicht ganz durchschaubar, nach welchen Gesichtspunkten man für die eine oder andere Arbeit eingeteilt wurde. Man konnte aus einer Arbeitsgruppe in die andere versetzt werden. Man konnte zu schwerer *oder* dreckigerer oder schwererer *und* zugleich dreckigerer Arbeit abkommandiert werden, wenn man sich etwas zuschulden kommen ließ, wenn

man die Erwartungen, die von seiten der Aufsicht in einen gesetzt worden sind, nicht erfüllte. Man konnte zu leichterer und zu angenehmerer, nicht so übelriechender (wie in der Gerberei zum Beispiel) Arbeit eingeteilt werden, wenn man die in einen gesetzten Erwartungen erfüllte und sich in die Ordnung der Strafanstalt fügte. Zuerst aber, am Tag der Aufnahme in die Strafanstalt, wurden alle immer zu den angenehmeren Arbeiten eingeteilt. Man kann sogar sagen, daß die Aufsicht in jeden Neueingewiesenen ein gewisses über einer bestimmten Grenze liegendes Vertrauen setzte. Dieses Vertrauen wurde von den meisten allerdings auf die gröblichste Weise verletzt und ausgenutzt. Den Vorzug, in der Druckerei zu bleiben oder in der Küche oder in der Schuhmacherei, in der Schneiderei, in der Kanzlei, konnten sich die allerwenigsten länger als nur eine ganz kurze Zeit erhalten. Dem Kulterer war es, weniger durch sein Geschick als einfach durch seine Unfähigkeit, sich aufzulehnen oder sich an irgendeinem Komplott zu beteiligen, an einer Verschwörung, die sämtliche letzten Endes immer gegen die Aufsicht gerichtet waren, gelungen, von Anfang an in der Druckerei zu bleiben. Wäre er auf die Idee gekommen, darüber nachzudenken, hätte er feststellen können, daß er der einzige war, der einen so großen Zeitraum von eineinhalb Jahren in der Anstaltsdruckerei überlebt hatte. Die ganze Zeit hatte es nie eine ihn betreffende Beschwerde gegeben, niemand in der Strafanstalt hatte sich jemals über ihn beklagt, weder von seiten der Aufsicht noch von seiten der Häftlinge. Niemand war ihm jemals bös oder auch nur in Ansätzen schlecht gesinnt gewesen. Ohne daß er selbst wußte, wie das möglich gewesen ist, war er oft derjenige, welcher große Spannungen zwischen den Häftlingen und der Aufsicht, ja selbst offen zwischen den beiden Machtgruppen auftretende Feindseligkeiten schlichten konnte. Er selbst konnte sich einen solchen Einfluß seinerseits auf derartige, oft fürchterliche, ihn entsetzlich peinigende und bis an die äußerste Grenze des ihm Erträglichen getriebene Zustände am allerwenigsten erklären. Aber auch den andern war er bei solchen hie und da plötzlich auftretenden ‚Ungeheuerlichkeiten', wie er diese gegenseitigen Drohungen zwischen Aufsicht und Häftlingen bezeichnete, ein Rätsel; niemand fand an ihm auch nur das geringste Besondere, wenn man davon absieht, daß sie in ihm einfach einen bemerkenswert bescheidenen Menschen sahen. Unscheinbar, war er ihnen niemals lächerlich. So teilnahmslos sie ihm begegneten, sie hatten oft das Gefühl, ihm helfen zu müssen, wenn sie auch niemals wußten, *wie* helfen. Aber in diesem Gefühl enttäuschte er sie, denn er war ihnen allen, wie sie nach und nach, weil sie sich an ihn gewöhnt hatten, feststellen mußten, in beinahe jeder Beziehung, vor allem im Einfachsten, wo es um gar nichts ging und das deshalb die größte Bedeutung hatte, weit überlegen. Es war merkwürdig: sie behandelten ihn, als wäre er nicht ganz ernst zu nehmen, und fühlten zugleich Hochachtung, wenn sie mit ihm in Berührung kamen. Aus der Lächerlichkeit, in der sie sich tummelten und die ihnen oft reichlich Gelegenheit gab, sich anzuschnauzen und gegenseitig herunterzusetzen, wo gar nichts mehr herunterzusetzen war, in der Verzweiflung, die manchmal über sie alle die Oberhand bekam und sie rasend machte, erwachten sie oft durch ihn, der in der Dunkelheit des beinahe völlig verfinster-

ten Raumes stand und, zu ihnen gewandt, sagte: „Jaja, ich weiß –.“ Wie sich in solchen Augenblicken selbst Männer schämten, die vor Kaltblütigkeit und Körperkraft strotzten und denen man kein wie immer geartetes Gefühl zugetraut hätte! Man könnte diese Gedanken auf die Spitze treiben und behaupten, der Kulterer habe oft und oft eine schwere Körperverletzung, ja einen Mord verhindert. So inmitten von Schmutz und versauertem Idealismus, inmitten von Schweinerei, Verleumdung und Habsucht, bildete er ein Gegengewicht. Wenn sie sich prügelten – oft konnte er, dem ein solcher Anblick entsetzlichen Schmerz verursachte, es nicht verhindern –, schien es, als wäre nur das Viehische lebensfähig und alles andere krankhaft und unzüchtig. Da sah er tief ins Verpfuschte hinein, das ausweglos, auf barbarische Weise unfähig war, mit sich fertig zu werden. Wie sie impulsiv in ihrer geistesgestörten Bewußtlosigkeit an eine Zertrümmerung der Elemente dachten in ihrer von vornherein feststehenden Niederlage, fühlte er, abseits stehend, qualvoll.
Es war ihm immer der Umstand zugute gekommen, anspruchslos zu sein. Er hatte wohl, wie jeder Mensch, in sich selbst oft das Bedürfnis gehabt, seine Existenz zu verbessern, sich aus gewissen, auch ihm beengt vorkommenden Zuständen zu befreien; aber um den Preis selbst der geringsten Gewalttätigkeit wollte er sich nicht auch nur die leiseste Spur aus sich heraus und irgendwohinein drängen, in eine Errungenschaft, die ihm, wie er instinktiv fühlte und also glaubte, einfach nicht zustand. Er hatte zeitlebens einen kleinen, ja, von außen gesehen, völlig unbedeutenden, verschwindenden, lächerlichen Raum zur Verfügung gehabt, diesen Raum

aber versuchte er immer sorgfältig auszufüllen, und waren es mit der Zeit schließlich auch nur mehr seine einsam da und dort am Himmel hängenden Träume gewesen, mit welchen er Raum und Zeit seiner Person auszufüllen, ja inständig auszuschmücken befähigt war. Wie hold das zur Vernunft gewordene Schicksal einem einfältigen Menschen ist, hätte man an ihm studieren können. Er verlangte so wenig, daß es jeden andern erschreckt hätte. Und so sparsam sein Haushalt war, so reichlich Gelegenheit fand er, davon der Umwelt, die ihm manchmal wie jedem Menschen ungeheuerliche Ausmaße annehmen konnte, durchaus fühlbares, glaubhaftes, zweckmäßiges, ja überzweckmäßiges Material zu verschenken. Sein Verstand war nicht groß und auch nicht tiefer als der Verstand seiner Umgebung, ja ganz im Gegenteil, sein Verstand reichte nicht einmal an die Außenbezirke der anderen heran; aber zum Unterschied von diesen, die ihn oft überwältigten, war sein Verstand der gründlichste. Das ist, abgesehen von Größe und Willenskraft jedes Verstandesvolumens, entscheidend.

Auf das Rechnen mit Gedanken, vergleichbar der Addition und der Subtraktion, war er eigentlich zuerst im Gefängnis gekommen. Auf das zerlegbare, unendlich dem Geist und dem Gefühl und der reinen Vernunft entziehbare Spiel mit ganz klar bezeichneten ‚Unbekannten'. Der Gedanke, der ihm plötzlich über Nacht zum Begriff, zur einzigen Existenz und wahren Freiheit geworden war, ermöglichte ihm, mit sich fertig zu werden nach dem großen Unglück, das über ihn gekommen war im Zuge eines Verbrechens, das er wie in radikaler selbstmörderischer Bewußtlosigkeit begangen hatte. Auf

einmal war er, der sich längst verloren geglaubt hatte, nicht mehr ‚tödlich' gewesen. Die Erfindung des Gedankens im Menschen erschien ihm als das kostbarste Geschenk, das es gibt. Die Welt war ihm da, von diesem entscheidenden Augenblick an, eine von Konzentration und genau abgegrenztem Bewußtsein einfach durchforschbare reinigende Unendlichkeit. Erst jetzt, von da an, hatte es für ihn einen Boden unter den Füßen gegeben, einen Himmel über der Erde, eine Hölle, die Umdrehung einer Weltachse ohne Beispiel. Auf Vermutungen hinter Wahrnehmungen waren plötzlich Ansätze eigener Zielsetzung gefolgt; Wirkungen beruhten plötzlich tatsächlich auf Ursachen. Auf einmal hatte es das, was auch er ‚Hierarchie' nannte, gegeben. Anarchie schaltete sich, wie er dachte, von selbst, links und rechts seines Weges, aus. Und er entdeckte auf den Stützpfeilern der Mathematik die Poesie, die Musik, die alles zusammenhält.
In den letzten Tagen vor seiner Entlassung, die sich qualvoll auf sein Herz und auf seinen Verstand legte, ohne ihn aber erdrücken zu können, und die auf seinem Gesicht ihren menschenunwürdigen Ausdruck fand, versuchte er den Kontakt mit den Mithäftlingen, und oft auf rührende Weise, wie er sich wünschte, ein für allemal und für immer, zu festigen. Alle Handlungen und Versuche seinerseits waren von dem Wort ‚Abschied' veranlaßt. Er redete jetzt Männer an, die er nie angeredet hatte, die sich niemals um ihn auch nur im geringsten gekümmert hatten, ja, für die er überhaupt nichts bedeutete, für die er gar nicht da war. Von wo er Feindseligkeit zu verspüren meinte, in diese Richtung ging er mit Freundlichkeiten hinein, etwas gutzumachen,

das ihm selbst völlig unklar war. Es ging ihm darum, keinen Zweifel über seine ‚guten Gedankengänge', seine Mithäftlinge betreffend, eigentlich alles betreffend, offenzulassen. „Jaja, ich weiß . . .", sagte er, und sie hörten ihm zu.
Am Abend in der Zelle versuchte er sie nachdenklich zu machen, um ihnen seine Geschichten vorlesen zu können. Sie taten ihm nach und nach den Gefallen und hörten ihn an; es war selbstverständlich, daß ihnen seine Geschichten, seine ‚Fabeln', seine Gedanken zuerst nicht gefallen konnten; sie konnten sich nichts darunter vorstellen, auch keinen Bruchteil seiner Vorstellung. Manchmal erhaschten sie aber jetzt schon ein Bild, und es gefiel ihnen, aber meistens zwangen sie sich, aufmerksam zu sein, sich nicht merken zu lassen, wie sehr er sie langweilte. „Komisch", sagte einer von ihnen, „wie du das siehst." Und er antwortete: „Jaja, ich weiß . . .", und ein anderer sagte: „Das gefällt mir, das mit dem Bierkrug." Und der dritte, der Stumpfsinnige, meinte: „Ich verstehs nicht, aber es ist gut." – „Gut?" fragte ihn der Kulterer. „Du meinst gut?" – „Der Affe, was hat er denn gemacht, nachdem sie ihn betrogen hatten?" wurde der Kulterer gefragt. „Er ist tot heruntergefallen vom Baum", sagte der Kulterer. Er schrieb nur traurige Geschichten. Manchmal fielen ihm äußerst lustige ein, über die er selbst lachen mußte, aber aufschreiben konnte er sie nicht. Nie war ihm auch nur eine einzige lustige Geschichte gelungen. Warum gelingt mir keine lustige Geschichte? hatte er sich oft und oft gefragt. Eine Geschichte mit einem Luftballon zum Beispiel, mit einem hemdsärmeligen Matrosen, mit einem Trampolin, mit einem Karussell? Jetzt, weil es ja nur noch ein paar

Tage bis zu seiner Entlassung waren, sagten sie, daß er ruhig auch in der Nacht schreiben könne, es störe sie nicht. Das freute ihn, daß er sie von jetzt an nicht mehr zu hintergehen brauchte. „Es ist furchtbar, wenn ich nicht schreiben kann", sagte er. Sie meinten, er könne, wenn er wolle, die Kerze anzünden zum Schreiben. Er aber antwortete ihnen, daß er sich im Laufe der Zeit daran gewöhnt habe, in der Dunkelheit zu schreiben. „Mir fallen auch nur, wenn es finster ist, meine Geschichten ein", sagte er. Sie wunderten sich, wieviel er im Laufe der Haftzeit geschrieben hatte. Einer kramte den großen Pack Papier, den der Kulterer unter seiner Pritsche aufbewahrt hatte, hervor und begann mehrere Geschichten, die alle sorgfältig numeriert und zugeschnürt waren, unter ihnen zu verteilen. Sie sollten sie lesen, meinte er. Warum sie nicht schon früher auf die Idee gekommen seien, die Geschichten des Kulterer zu lesen, es sei vielleicht doch eine Abwechslung, die eine oder andere Geschichte würden sie sicher verstehen. Der Kulterer sagte, daß er sich freue, daß sie sich jetzt für seine Geschichten interessierten, wo sie doch niemals dafür auch nur das geringste Interesse gezeigt hätten, im Gegenteil. „Es war euch immer lästig", sagte er, „wenn ich geschrieben habe oder wenn ich euch nur etwas von meinen Geschichten erwähnt habe ..." Er sagte das in einem sie alle rührenden Ton. „Wenn es nur *eine* Geschichte ist, die euch *allen* gefällt!" sagte er.

Aber auch, nachdem sie es ihm erlaubt hatten, sich in der Nacht an den Tisch zu setzen, um zu schreiben, tat er das so lautlos, daß sie gar nichts davon merkten. Oft war es nur der Wunsch ‚Es soll von einem Haus handeln‘, der ihn aufstehen und sich hinsetzen ließ, oft auch nicht einmal ein solcher Gedanke, sondern nur ein einziges Wort, das Wort ‚Rübe‘ zum Beispiel, das Wort ‚Altar‘, das Wort ‚Huf‘. Alle Wörter hatten für ihn dieselbe Bedeutung, etliche aber versenkten ihn von allem Anfang an tief in eine geheimnisvolle Finsternis, in das Paradies einer Grundfarbe und in Zahlen und Ziffern, in Voraussetzung für Geschriebenes. Nicht zuletzt kamen ihm die Zucht und die Unzucht der Zucht der Strafanstalt für seine Gedanken, ja für alles, zugute. Er fürchtete, in Freiheit, der Sträflingskleider entledigt, nichts mehr schreiben zu können, nichts mehr denken zu können; er fürchtete, dann, im wilden Ausgesetztsein des Entlassenseins, nichts mehr zu sein. Er fühlte förmlich, wie das Phantastische dieser Wunder, das er sich in seiner Ohnmacht erfunden hatte, von einem Augenblick auf den andern zerstört sein würde, plötzlich, mit dem ersten Schritt aus der Strafanstalt hinaus. Wie klar waren hier, in der Finsternis, mitten im niedergehaltenen Menschentum, das durch seine Maßregeln kaum zu atmen wagte, die Konturen aller Begriffe! Wie klar war hier selbst das Entfernteste, Widerwilligste, Eigenwilligste, Ungreifbarste! Wie unverkennbar das sonst so Trübe der unvollendeten Ahnung, das vom Gehirn fallengelassen wird, weil es als unendlich unentdeckt gilt, immer dafür gegolten hat. Wie leicht erschloß sich hier das sonst von Mühsal und Instinktlosigkeit gemein Erdrosselte! Wie zaghaft konnte man hier, in der Abgeschiedenheit der ebenen Finsterlandschaft, die völlig ohne naturfremde Geräusche und Gerüche war, *denken!* Wie hier alles zusammen vertrauensvoll fühlen! Wie etwas wahr sagen, was

sonst nur als Lüge gilt! Wie die Verzweiflung besiegen! Er dachte: Ich kann hier etwas vorbringen, das in der Außenwelt menschenunwürdig ist! Und mit welcher tollkühnen Verschwiegenheit! Es ist ein Verhältnis zum Licht und zur Finsternis hier, zu meiner Gotteswelt, das nur hier Wahrheit beanspruchen kann. Gehe ich fort, ist es tot. Und er hätte, wäre er nicht der verschlossenste Mensch gewesen, eben der schweigsamste aller Häftlinge, fortwährend vor sich hinsagen können, deutlich genug, um sich selbst und alles zutiefst zu verletzen: „Ich gehe fort und töte mich, ich gehe hinaus und töte mich . . .“ Aber es ist sinnlos, sagte er sich.
Er nahm jetzt Abschied von den Gebäuden. Wie schön und vollendet gehorsam empfand er auf einmal, viel stärker als die ganzen Jahre, die Linienführung der Mauern. Man sieht deutlich, daß es sich um ein Kloster handelt, sagte er sich. Tatsächlich war die Strafanstalt jahrhundertelang ein Mönchskloster gewesen. Es ist ja kein Unterschied zwischen einem Kloster und einer Strafanstalt, dachte er; der Unterschied vielleicht, daß das Kloster ein freiwilliges, die Strafanstalt aber ein unfreiwilliges Gefängnis ist; das eine erlegt man sich auf und kann es jederzeit, wann man will, wieder verlassen, in das andere wird man zwangsweise eingesperrt, und man kann es nicht, wann man will, verlassen. Er entdeckte die Harmonie der Unebenheiten des Mauerwerks, das charaktervolle Altertum der Giebel und Simse, die noble Großzügigkeit der Treppen. Das alles war ihm vorher niemals so ins Bewußtsein gekommen und fiel sicher keinem außer ihm auf. Die sanften Schwünge der Fensterabschlüsse! In der Kapelle, die er die ganzen anderthalb Jahre tagtäglich in

der Frühe zur Messe aufgesucht hatte, schaute er plötzlich mit seinen ‚neuen Augen'. Und erst das Arbeitsgerät, das im Hof an den Wänden hing, im Schuppen auf dem Boden lag, die vielen altertümlichen Rechen und Gabeln und Sensen! Er hatte es immer geliebt, im Sommer auf die Wiesen und Felder zu gehen. Doch empfand er die wärmere Jahreszeit hier immer schmerzlicher als Herbst und Winter. Man ist zu gemein unter der Knute des Aufsehers unter der Sonne! sagte er sich. Und das Lachen der Bauersfrauen, das man von den Höfen herüber hört, ist ein furchtbarer Abgrund. Im Winter bleiben ja auch die Tore geschlossen, und nur die Holzarbeitergruppe verläßt die Strafanstalt durch den rückwärtigen Ausgang in den nahen Wald. In der Holzarbeitergruppe hatte er nie gearbeitet, dafür war er zu schwach. Die jungen Leute drängten sich natürlich immer in die Holzarbeitergruppe hinein, sie dachten an Flucht. Aber es ist noch keinem gelungen, zu fliehen, dachte er. Selbst wenn man entkommt, wird man erwischt, gefaßt, und alles ist noch viel schlimmer. Auflehnung ist Größenwahn, dachte er. Auflehnung führt unweigerlich in doppelten Schmerz. Auf dem mittäglichen Rundgang entdeckte er ein Tellereisen, das im Schuppen lag, eine große Seltsamkeit! Mit solchen Tellereisen fangen sie seit Jahrhunderten das Raubtier, dachte er. Wie kommt dieses Tellereisen hierher? Wahrscheinlich, sagte er sich, legen sie es zeitweise aus, denn es gibt Wölfe in dieser Gegend. Man hörte sie in der kalten Jahreszeit in der Nacht, der Sturm schlägt ihnen aufs Maul. Man hört sie immer wieder. Der Kulterer dachte, der Aufseher läßt uns immer ein paar Minuten länger auf dem Hof, als die Vorschrift es will. Er ist

groß und breit gewachsen und schlägt blitzartig zu. Sie nennen ihn alle ‚die Gummiwurst', weil er oft den Knüppel benützt, um sich Gehör zu verschaffen, Rechtmäßigkeit. Er liebt es, in angespannten Hosen zu patrouillieren, hat nie gebrüllt. Nie hat auch nur einer unter ihnen den Aufseher brüllen hören. Kurze, halblaute Wörter, das ist er. Er kann seine Kappe nicht leiden, aber er muß sie aufhaben, die Vorschrift sagt, daß er die Kappe aufhaben muß. Er sagt oft: „Infame Bestien!", und er liebt die Wortzusammenstellung: „Das ist ja ein fatales Mißverständnis, Schweinehunde!"
An dem Abend, an welchem er das Paket ausgepackt hatte, das von seiner Frau geschickt war, das letzte in einer Reihe von Paketen, die alle immer das gleiche enthielten – Fleisch, Butter, Zeitungen, Socken –, und das er mehrere Tage nicht angeschaut hatte, er fürchtete sich nämlich vor dem Auspacken, genauso wie vor dem Lesen des Briefes, er hatte immer Angst davor gehabt, vor dieser Mißstimmung, in die ihn das Auspacken solcher Pakete und das Lesen solcher Briefe immer hinuntergestürzt hatte, vor dieser Schambildung in ihm, die sich fürchterlich auf seine Gedankenwelt auswirken konnte, seine Vorwurfswelt entzünden, tagelange verzweifelte Einfallslosigkeit in ihm hervorrufen konnte, hatte er überraschenderweise eine Geschichte mit dem Titel ‚Logik' geschrieben, eine Meditation, die er dann am Morgen, nachdem er noch ein paar Stunden geschlafen hatte, von ihr angenehm überrascht, seinen Zellengenossen vorgelesen hatte. „Was ist denn das Wort ‚Logik' für ein Wort?" hatte er die Mithäftlinge, bevor er noch mit dem Vorlesen seiner Geschichte be-

gonnen hatte, gefragt. Keiner konnte ihm antworten. „Was bedeutet das Hauptwort ‚Logik'?" Sie schwiegen. „Gestern", sagte er, „hätte auch ich auf diese verwirrende Frage keine Antwort gewußt, aber heute weiß ich sie; hört zu, das, was ich jetzt vorlese, ist die Antwort auf meine Frage, was das Wort, was das Hauptwort ‚Logik' ist, was für eine Bedeutung es hat." Er las seine Geschichte vor, und er war erstaunt, wie ruhig seine Zuhörer waren. Er durfte sich nicht verleiten lassen, zu glauben, sie seien ergriffen gewesen, aber er war sehr glücklich.

Anfänglich hatte er gebebt, wenn man die Zellentür hinter ihm verriegelt hatte; wenn auch keine Auflehnung in ihm gewesen war, so hatte er sich doch jedesmal in einer ungeheuer getretenen Verfassung befunden. Das Wort ‚Widerrede' stand ihm früher bei solcher Gelegenheit naturgemäß im Gesicht, aber er sprach es nicht aus. Ich habe ja gar kein Recht zu einer Widerrede, hatte er gedacht, nein, ich habe kein Recht, nicht nur zu einer Widerrede habe ich kein Recht, ich habe überhaupt kein Recht, ich habe kein Recht zu beanspruchen! Es war ihm trotz des Verstandesmäßigen, das augenblicklich mit seiner Verurteilung in ihm wie eine elementare Umwandlung seines Gehirngefüges eingesetzt hatte, zu arbeiten, radikal zu trennen und zusammenzusetzen begonnen hatte, einfach Recht zu sprechen begonnen hatte, fürchterlich gewesen, sich unterzuordnen unter die neuen Machthaber, unter die Tatsache, ein Häftling, ein Verbrecher, eine auf beinahe unabsehbare Zeit kriminelle verfügungsbereite Existenz zu sein. Jede Überlegung über seinen ‚Fall' führte ihn unweigerlich zu der Einsicht, daß ihm kein Unrecht geschehen war. „Es gibt überhaupt kein Unrecht!" Dieser Satz hatte ihn beinahe verführt, an diesem Satz hingen Tausende Überlegungen, bis er sich schließlich als falsch und korrupt erweisen mußte ... In seinem Falle war kein ihm geschehenes Unrecht festzustellen. Er hatte getan, was man nicht tun darf, und er wurde dafür bestraft, ja, nicht übermäßig dafür bestraft, wie er jetzt sah, nein, er empfand seine Strafe von unten heraufschauend gerade noch angemessen. Aber es war der Anfang, sich mit der neuen Möglichkeit abzufinden, bitter gewesen. Mit der Zeit hatte sich, nach seinen Überlegungen, mitten in der Auseinandersetzung mit seinem Verbrechen, das Gefühl, unterdrückt zu sein, in das gegenteilige, frei zu sein, umgewandelt. Es beruhte auf dem einfachen Gedankengang, daß der Freie nicht frei, daß der Unfreie nicht unfrei ist. „Wo ist die Grenze der Freiheit und von wo aus wird sie bestimmt?" fragte er sich. Es war ein so klarer Gedankengang, daß ihn selber fröstelte, als er ihn zum erstenmal denken durfte. „*Jetzt* bin ich frei!" konnte er sich sagen. „Niemals *vorher* habe ich Freiheit gehabt!" Es war ein ungeheuerer Aufschwung für ihn. Aber es wäre, dachte er, ein sinnloses Unternehmen, es den Menschen der Außenwelt wie den Innenweltmenschen, den freien wie den unfreien, die beide beides zugleich sind, erklären zu wollen, was er ‚ein Urgefühl' nannte. Vereinfacht und nur für sich sagte er sich jetzt: „Meine Entlassung aus der Anstalt bedeutet, daß ich meine Freiheit aufgeben muß." Allerdings hing dieser Gedanke nicht unmittelbar mit seinen ihn erwartenden äußeren Umständen, wie Frau und Broterwerb, zusammen, er war vielmehr im Überdurchschnittlichen des immer Unbegreifbaren, in einer hochgelagerten allgemeinen unausschöpflichen Gedankenexekution verankert. Es kam ihm vor, als machte er, völlig unbegreiflich, den ersten Schritt aus der Strafanstalt hinaus in den Tod. In einen unüberwindlichen, unausbleiblichen, scharfsinnigen, konsequenten Tod.

Am Tag seiner Entlassung wurde er schon früh zum Direktor gerufen. Er habe sich für den Aufenthalt in der Strafanstalt beim Direktor zu bedanken, sagte ihm der Aufseher, der ihn führte. „Jaja, ich weiß . . .", sagte der Kulterer. Ihm, dem Aufseher, werde der Kulterer abgehen. Ob er sich bei ihm zu beklagen habe, fragte ihn der Aufseher, er selbst glaube das nicht, manchmal sei er auch gegen ihn barsch vorgegangen, aber das sei unumgänglich gewesen. Der Kulterer wußte sich in der Finsternis, die noch herrschte, unglaublich gut zurechtzufinden. Vorschriftsmäßig ging der Aufseher einen Schritt hinter ihm, er hatte den Gummiknüppel in der Hand, nicht an seinem Rock hängen. Wahrscheinlich, weil zwei Neue da sind, dachte der Kulterer. Er könne, wenn er wolle, außerhalb der Zelle sein Frühstück bekommen, sagte der Aufseher. Aber der Kulterer wollte nicht. Vor der Tür des Direktors, der immer schon um fünf Uhr an seinem Schreibtisch zu sitzen pflegte, blieb der Aufseher zurück. Pflichtgemäß hatte er da so lange zu warten, bis der Häftling wieder aus dem Direktorzimmer entlassen ist, ihn dann in die Zelle zurückzuführen. „Soso", sagte der Direktor, der kleine Mann im dicken Überzieher, in einem solchen Kleidungsstück, das weder dem Tag noch der Nacht vollständig gehörte, in einer Art militärischem Morgenrock, „soso, jetzt sind *Sie* also dran!" Der Kulterer war weit vom Direktor entfernt stehengeblieben, dieser winkte ihn mit einer raschen, harten Bewegung seines Kopfes zu sich an den Schreibtisch heran. „Wo habe ich nur Ihren Akt?" sagte er. „Da ist er ja!" sagte der Direktor. Er sagte: „Franz Kulterer, geboren 1911 in Aschbach, stimmt das?" – „Jaja." – „Sie sind verheiratet, *kein* Kind", sagte der Direktor. – „Jaja." – „Gegen Sie liegt nichts vor", sagte der Direktor, plötzlich: „Was werden Sie denn machen, wenn Sie entlassen sind?" Der Kulterer konnte nicht sofort antworten. „Na schön", sagte der Direktor, „Sie wissen ja sicher, wie Sie sich draußen zu verhalten haben. Die Formalitäten sind ja erledigt. Aber weil Sie jetzt entlassen werden, das soll nicht heißen ..." – „Jaja, ich weiß", sagte der Kulterer, dem der Direktor jetzt große Vorhaltungen gemacht hatte. „Die Formalitäten sind also erledigt. Von mir aus ja. Warten Sie", sagte der Direktor, „sind Sie nicht der Mann mit der Schreiberlaubnis?" – „Ja", sagte der Kulterer. „Na, na", sagte der Direktor, „das war schon eine ganz besondere Begünstigung, die Sie da genossen haben. Einem Häftling die Schreiberlaubnis zu erteilen! Aber Sie haben sich ja, wie ich sehe, nichts zuschulden kommen lassen. Was haben Sie denn da die ganze Zeit geschrieben?" wollte der Direktor wissen. „Ach", sagte der Kulterer, „es ist nicht der Rede wert." – „Geschichten wahrscheinlich", sagte der Direktor. „Jaja, Geschichten", antwortete der Kulterer. „Sie wissen ja", sagte der Direktor, „daß Ihnen von Ihrer Arbeitszeitvergütung die Haftkosten abgezogen werden, das wissen Sie ja!" – „Jaja, ich weiß", antwortete der Kulterer. „Der Staat verlangt auch von Ihnen Lohnsteuer, das wissen Sie ja! Wollen Sie das Geld gleich haben, oder soll es

Ihnen nachgeschickt werden? Wo sind Sie denn zu Hause? Gehn Sie jetzt wieder zu Ihrer Frau?" – „Jaja", sagte der Kulterer. „Naja", meinte der Direktor, „Sie haben ja sicher schon unser Firmenadressenmaterial bekommen. Es wird sich schon ein Posten für Sie finden. Versuchen Sie es doch in einer Druckerei, da haben Sie doch wirkliche Chancen! Es ist erstaunlich, wieviel manche Leute bei uns lernen! Es ist wirklich erstaunlich", sagte der Direktor. „Sie werden uns fehlen in der Drucksortenabteilung", sagte er. „Also, wenn Sie entlassen sind, Sie sind ja noch nicht entlassen", witzelte er, „bekommen Sie Ihr Geld. Naja", sagte er und stand auf und gab dem Kulterer ein großes graues Kuvert. „Dieses Kuvert", sagte er, „übergeben Sie Ihrem zuständigen Polizeikommissariat. Alles Weitere läuft dann von selbst. Daß Sie sich jede Woche auf dem Kommissariat zu melden haben, wissen Sie ja." – „Jaja, ich weiß –", sagte der Kulterer. Der Direktor gab ihm die Hand. Er wäre zu Dank verpflichtet, sagte der Kulterer, er sage das nicht, weil es Vorschrift sei, das zu sagen, sondern aus einem wirklichen ehrlichen Gefühl heraus. „. . . zu großem Dank verpflichtet", sagte er. Er schämte sich, keine besseren Worte gefunden zu haben. Er hatte sich einen guten Abschiedssatz für den Direktor vorbereitet gehabt, in dem Augenblick aber, in welchem er ihn hätte sprechen sollen, war dieser Satz unauffindbar gewesen. „Schon gut", sagte der Direktor und entließ den Kulterer. Auf dem Gang hatte der Kulterer das Gefühl, daß ihm der Aufseher, der hinter ihm ging, gut gesinnt sei. Seltsamerweise hatte er sich nie vor dem Aufseher gefürchtet, zum Unterschied von den Mithäftlingen, die eine panische Angst davor hatten, dem

Mann in der Finsternis der Gänge ausgeliefert zu sein. „Hast du dich bedankt?" fragte ihn der Aufseher, der ihn mit dem Knüppel um die Ecke lenkte. „Jaja", sagte der Kulterer, „aber ich war ungeschickt." – „Was heißt das?" wollte der Aufseher wissen. – „Zu dumm", sagte der Kulterer. „Hat er dir das Kuvert gegeben?" Der Kulterer zog das große graue Kuvert, das er selbst mit der Aufschrift ‚Strafanstalt Suben im Gerichtsbezirk IX des Bundesministeriums für Justiz' bedruckt hatte, heraus. „Du mußt es mir geben", sagte der Aufseher. Und er sagte: „Du hast wohl keine so schlechte Erfahrung mit mir gemacht?" – „Nein, nein", sagte der Kulterer. Jetzt war plötzlich das elektrische Licht eingeschaltet, der Aufwaschtrupp war schon an der Arbeit. Einer leerte den Kübel mit der Lauge aus, ein anderer schrubbte sofort mit einer Bürste den Boden, ein dritter trocknete mit einem Fetzen hinter beiden auf. „Na, na", sagte der Aufseher, weil sie ihm die heiße Lauge vor die Füße geschüttet hatten. Sie standen sofort stramm und in Erwartung einer Züchtigung, aber der Aufseher überging den Zwischenfall; er folgte dem Kulterer, der schnelle, kurze Schritte machte. Sie fuhren jetzt schon mit dem Frühstück zu den Zellen.

„Das Kuvert bekommst du, wenn du fortgehst, zurück", sagte der Aufseher. Er wollte die Zelle absperren, aber da kamen die Frühstücksträger, und er blieb so lange, bis sie das Frühstück ausgeteilt hatten, an der Zellentür stehen, die Frühstücksträger antreibend. Es solle das keine Begünstigung sein, Frühstück austragen, sagte er. „Los, los!" Sie schöpften das lauwarme Getränk aus einem riesigen Zinkkübel, den sie an zwei großen Henkeln zu tragen und vor der Zellentür abgestellt hatten. Aus einem Karton verteilten sie Brotscheiben. Jeder Häftling bekam vier Stück, das war die Brotration für den ganzen Tag. „Morgen wird unser Kulterer schon in einem sauberen Bett schlafen“, sagte der Aufseher. Der Betroffene stand abseits, er hatte, in Anwesenheit des Aufsehers, die Hände angelegt. Er war überzeugt, daß ihm der Aufseher keine Niederträchtigkeit habe sagen wollen, sondern ihm gut gesinnt sei. Eine Niedertracht gegen mich kommt nicht in Frage, hatte er gedacht. Er war ja immer korrekt gewesen, immer tadellos, niemals auch nur andeutungsweise duckmäuserisch, wie man jetzt vielleicht meinen könnte. Im Gegenteil! Er durfte sich freilich nicht selbst solches Lob aussprechen, aber er hatte das Gefühl, daß der Aufseher immer mit ihm zufrieden gewesen war. Der Aufseher hatte keine Ursache, gegen ihn ausfällig zu sein, wie er das oft zu anderen, zu Recht und zu Unrecht, war. Der schlug ihnen gleich auf den Kopf. Es gab oft furchtbare Zustände, wenn hinter ihm jemand ‚Gummiwurst‘ sagte. „Jaja, ich weiß“, sagte der Kulterer, als ihm der Aufseher gesagt hatte, er solle sich nun ernstlich auf die Entlassung vorbereiten. Er müsse ja, vorschriftsmäßig, in ein paar Stunden die Anstalt verlassen. „Meine Schriften . .“, sagte der Kulterer. Er würde ihm einen Strick bringen, meinte der Aufseher, damit er seine Schriften zusammenbinden könne.

Die Häftlinge waren der Meinung, dieser Tag wäre für ihn ein Freudentag; sie konnten nicht wissen und nicht begreifen, daß gerade dieser Tag der furchtbarste im Leben des Kulterer war. „Warum sagst du denn nichts? Erzähl uns doch noch was, bevor du abhaust!“ sagten sie. Jetzt, wo es sich nur noch um Stunden des Zusammenseins handelte, schlösse er sich auf einmal von ihnen ab. Warum? Sie hätten ja nichts gegen ihn, nie etwas gegen ihn gehabt; vieles an ihm sei ihnen, zugegeben, in der ersten Zeit lästig gewesen, aber auch nur in dem Grade, in dem einem jeder Mensch lästig ist, auch der einem am nächsten stehende; in letzter Zeit hätten sie an ihm sogar Gefallen gefunden. Selbst an seinen Geschichten. „Laß uns doch ein paar von deinen Geschichten da!" sagten sie. Er wäre bereit gewesen, ihnen seine Geschichten zu überlassen, aber er glaubte ihnen nicht; es hatte, was sie sagten, für ihn den Anschein, als hätten sie eine gute Verabschiedung seiner Person, die sie im Grunde weghaben wollten, untereinander abgesprochen. ‚Es freut mich, daß ich euch nicht widerwärtig bin', hätte er am liebsten gesagt, aber er brachte kein Wort hervor. Sie rollten sich noch einmal, entgegen aller Vorschrift, wie sie das immer nach dem Frühstück getan hatten, auf ihren Pritschen zusammen. Der Kulterer setzte sich hin. Als der Aufseher an der Tür war und durch die Luke einen Strick hereinreichte, waren sie schon wieder in der Höhe. „Das ist ein fester Strick", sagte der Aufseher. Der Kulterer legte seine Toilettesachen auf dem Tisch zusammen, und die Mithäftlinge halfen ihm, und er holte seinen Pack Schriften hervor, und ohne daß er sie darum bitten mußte, packten sie mit an, der Stärkste zog den Strick fest zu; es war ein ordentlich schweres Paket. Als der Kulterer es probeweise aufhob, sie lachten dazu, denn es hatte das möglicherweise einen komischen Eindruck auf sie gemacht, fühlte er eine große Unsinnigkeit, eine große Unsinnigkeit, die er selber war, die er sich nicht erklären konnte, denn er konnte sich selbst nicht erklären. „Zu dumm", sagte er. „Was machst du mit den Geschichten?“ fragten sie. Er zuckte mit den Achseln. „Verkauf sie doch. Es heißt, die Zeitungen reißen sie einem aus der Hand. Ob sie natürlich *deine* Geschichten drucken, ist eine andere Frage“, sagten sie. „Jaja“, sagte der Kulterer, „ich weiß.“ Es täte ihnen leid, meinten sie, von jetzt an auf ihn verzichten zu müssen. Er wäre ihnen unentbehrlich geworden. „Ja, wirklich.“ Es käme nichts Besseres nach, wie man ja wisse. „Mir gehst du jedenfalls ab“, sagte der Älteste. Es hätten sich für sie alle durch ihn vorteilhafte Gespräche ergeben; abgesehen davon, daß sie jetzt bezüglich des Kartenspiels einen Partner weniger hätten. „Und ‚Mühle‘ und ‚Dame‘ “, sagte der Kulterer. „Die Druckerei wird sich anschauen“, meinten sie. Er würde aber sicher noch einen Sprung in die Druckerei hineinmachen, um sich zu verabschieden. „Jaja“, sagte er. Das wäre selbstverständlich. Ob sie es glaubten oder nicht, es fiele ihm schwer, fortzugehen. Er würde am liebsten bleiben. Es sei ihm ‚unvorstellbar‘. „Aber man kann nicht länger bleiben, als man gezwungen ist“, sagte er. „Selbst wenn man ein Gesuch an die Justiz richten würde, müßte ein solches Gesuch naturgemäß abgelehnt werden.“ Sie lachten und glaubten ihm nicht. Er sah verstört aus. Er würde ihnen ein Geschenk machen, sagte er, damit sie sich an ihn erinnerten. Er wisse natürlich nicht, ob sie auch nur die geringste Freude an dem, was er ihnen zu schenken beschlossen habe, hätten, aber er könne sich vorstellen, daß es, wenn es ihnen vielleicht auch anfänglich lächerlich erscheint, später einmal von Nutzen sein könnte. „Ich habe jedem von euch etwas aufgeschrieben“, sagte er, „für jeden einzelnen etwas nur für ihn, etwas, das nur ihn allein betrifft." Und er gab jedem ein zusammengefaltetes Papier. Auch wenn sie ihn auslachten, er schämte sich nicht, aber er wünschte sich natürlich, daß sie ihn nicht auslachten. Bevor er noch das Papier entfaltet hatte, fragte der, welcher dem Kulterer immer als der Bedauernswerteste unter ihnen vorgekommen war, als der Gemeinste auch, was das sei, was der Kulterer ihnen aufgeschrieben habe. „Ein Aphorismus", sagte der Kulterer. Er getraute sich nicht, mehr zu sagen als: „Ein Aphorismus."

Die drei, deren Haftzeit noch immer unabsehbar war, hatten die Erlaubnis, eine halbe Stunde später die Arbeit anzutreten, um sich von dem Entlassenen verabschieden zu können. Der Aufseher hatte sie aus einer Schnapsflasche trinken lassen, die er ihnen gleich wieder wegnahm; er müsse zum Direktor, um eine vorgeschriebene, den Kulterer betreffende Formalität zu erledigen, sagte er, sperrte die Zelle ab und verschwand. Er kam aber sofort noch einmal zurück, sperrte auf und sagte, der Kulterer müsse sich augenblicklich umziehen. „Los!" sagte er und warf einen Haufen Kleider, offensichtlich die Zivilkleider Kulterers, auf die Pritsche des Entlassenen. „Zieh dich um!" herrschte er den Kulterer an, nicht bösartig, im Gegenteil. Er sperrte ab und polterte davon. Der Kulterer duckte sich und entledigte sich der Anstaltskleider, und als er nackt vor den Zellengenossen stand – die die ganze Zeit versucht hatten, ihm Ratschläge zu geben: „Da gehst du hin!" – „Nein, du sagst einfach, du kennst dich nicht aus, verstehst du!" oder „Blödsinn, einfach hingehen, anklopfen und hineingehen!" hatten sie zu ihm gesagt, sie hatten ihm einzutrichtern versucht, wie er sich draußen zu verhalten habe, „weil wir wissen, wie es ist, wenn man entlassen ist!“ sagten sie –, als er also vollkommen nackt vor ihnen stand, gaben sie ihm fort und fort Verhaltungsmaßregeln, die er aber, weil sie wie irr durcheinanderredeten, nicht verstehen konnte. Er fühlte eine plötzliche entsetzliche Verlassenheit, die ihm, weil sie von allen Seiten furchtbar angestarrt war, unerträglich wurde. „Du verkühlst dich“, sagte der Älteste, der an der Zellentür lehnte, und der unter dem Fenster sagte: „Der hat eine weiße Haut wie ein Kind.“ Und der dritte lachte kurz. Dann schwiegen sie, und der Älteste warf dem Kulterer seine Unterhose an den Bauch, dann sein Hemd, seine Hose, seinen Rock, seine Schuhe. Der Kulterer zog alles an; es ekelte ihn vor dem fremden Geruch, den diese Kleidungsstücke ausströmten, es war ein Geruch von Hunderten und Tausenden fremden, abgelegten, zusammengepferchten Kleidungsstükken. Er zitterte am ganzen Körper; wie wenn er geschlagen würde, stand er da. „Trink dich an, wenn du hinauskommst!“ sagte der Jüngste an der Tür. „Wie haben sie dich eigentlich erwischt? So?“ – „Jaja –“, sagte der Kulterer. „Und sie haben dich geschlagen, was? Sie haben dich so festgenommen, wie du es uns erzählt hast, was?“ – „Ja, wie ich es euch erzählt habe.“ – „Und sie haben dir nicht einmal auf den Kopf geschlagen? Du hast gar nicht geblutet, was? Du weißt doch, die Polizei schlägt unsereinen immer auf den Kopf. Die kennen kein Pardon! Die kennen da nichts!“ Der Kulterer schüttelte den Kopf. „Mir haben sie nichts getan“, sagte er. „Und deine Frau?“ fragten sie. „Wie war die? Wie hat *sie* darauf reagiert?“ Der Kulterer antwortete nicht. „Weiß sie, daß du heimkommst? Hast du es ihr geschrieben? Du hast es ihr gar nicht mitgeteilt?" Er habe einen guten Zug zu Mittag, sagten sie. Wieviel Geld ihm verblieben sei? Ob ihm überhaupt etwas geblieben sei? „Jaja", sagte der Kulterer. Er schrieb sich noch rasch ihre Adressen auf und bat sie, ihn in guter Erinnerung zu behalten. „Du weißt ja", sagten sie. Es sei nicht einfach, hinauszugehen, die Welt sei kalt und verzeihe nicht. Er hatte Lust gehabt, sie alle drei zu umarmen, aber in diesem Moment wurde die Tür aufgerissen, und der Aufseher führte die Häftlinge ab. Die Zelle war offengeblieben. Da stand er und hörte die Druckmaschinen über den Hof herüber. Er beugte sich über seine noch warmen Anstaltskleider und weinte.

Der Aufseher hatte ihn in die Küche geschickt, wo sie ihm etwas zum Essen eingewickelt hatten. Aber er kannte dort niemand. Es waren lauter neue Gesichter. Er ging in die Druckerei und in die Gerberei und überall, wo er eine offene Tür fand, hinein und verabschiedete sich. In der Kapelle schaute er noch einmal die schönen Bilder an. Vom Pfarrer hatte er sich schon am Vortag verabschiedet. Schließlich kehrte er noch einmal in die Zelle zurück, um seine Sachen zu holen. Er vergewisserte sich, nichts vergessen zu haben, hob seinen Papierpack auf und ging fort. Über den Hof hörte er, wie der Aufseher einen Häftling niederschlug. Er entfernte sich, so rasch er konnte, von der Strafanstalt in die Landschaft hinein, die, hügelig, braun und grau, vor Hoffnungslosigkeit dampfte.

(1962)

Der Fernsehfilm „DER KULTERER“ entstand 1973/74 als Gemeinschaftsproduktion von *ZDF* und *ORF*. Vojtech Jasny drehte diesen Film mit Helmut Qualtinger als Kulterer in der Strafvollzugsanstalt Garsten in Oberösterreich.

2/1/8.86

2/2/8.86

2/3/8.86

2/4/8.86

2/5/8.86

2/6/8.86

2/7/8.86